PAUL GILBERT

MITHRAL

Chant épique

PROTÉE

Drame

Éditions de la **REVUE MONDIALE**
45, RUE JACOB, 45
PARIS (VIe)

1927

MITHRAL

Chant épique

PROTÉE

Drame

PAUL GILBERT

MITHRAL

Chant épique

PROTÉE

Drame

Éditions de la **REVUE MONDIALE**
45, RUE JACOB, 45
PARIS (VIᵉ)
—
1927

IL A ÉTÉ TIRÉ DE CET OUVRAGE
5 EXEMPLAIRES SUR PAPIER
PUR FIL LAFUMA, NUMÉROTÉS
DE 1 A 5.

CHANT I

LE PÈLERIN

Un homme arrive au temple, un soir, après l'office,
Noir, poudreux, et portant sur son visage ardent
La splendeur du désir qui le brûle au dedans.
Il entre. Un prêtre passe et dit : Que veux-tu, fils ?
Son geste semble au monde offrir la basilique.
L'homme regarde au loin l'encens mélancolique
Enrouler son caprice à la pierre en dentelle
Et le parfum gravir les marches de l'autel.
Enfin :

— Je veux voir Dieu, dit-il. Sa voix sincère
A l'accent inhumain du devoir nécessaire.
Il fait signe : J'attends, et tranquille, appuyé
Des deux poings sur son haut bâton de cornouiller,
Il médite en silence et garde en son repos
Le port antique aimé des pasteurs de troupeaux.

Dans la grisaille d'or qui tombe des verrières,
Jetant, sur son épaule, un regard en arrière,
Le prêtre, sans un mot, s'éloigne, d'un air las.
Sous la chaire, à l'écart, il attire un prélat
Et lui montre du doigt, comme un danger public,
L'étranger noir, debout, là, dans la basilique.
L'autre esquisse le geste aisé qui tranquillise,
Et, vieux guide averti des sentiers de l'Église,
S'avance, avec un air étonnant de candeur,
Comme un saint d'autrefois sorti d'un livre d'heures.
Il abaisse les yeux, ceux de l'homme se lèvent :
Deux adverses vouloirs tranchants comme deux glaives.
Aussitôt, sans qu'il soit besoin d'autre langage,
Un étrange duel silencieux s'engage,
Assaut inattendu des âmes qui s'affrontent
Au seuil de l'invisible éden. La lutte est prompte.

— Je veux ! dit le regard de l'homme. Et le prélat,
Souffrant comme un blessé d'une atteinte secrète,
Lève dans l'ombre un doigt qui cède et qui regrette
Et son remords en lui sonne au loin, comme un glas.
Le prêtre est derrière eux, assis sur ses talons.

— Conduis cet homme au Maître. Allez.
                          Et l'homme : Allons,
Frère, debout !
              Ils vont. Par de hauts promenoirs
Ajourés sur l'azur plein de martinets noirs,

Le prêtre et l'inconnu, côte-à-côte, descendent
Vers de pâles dortoirs, longs comme des légendes.
Par des sentiers bordés de cyprès et de stèles,
Où courent devant eux des oiseaux qui sautèlent,
Graves, l'un guidant l'autre, ils vont, lents, las, troublés
De cœur, sans regarder leur ombre, sans parler.
Tous deux, dans l'avenir égarant leurs idées,
Par de futurs regrets leur marche est retardée :
Devant la décisive et suprême visite,
L'homme, venu pour elle et de si loin, hésite,
Comme s'il pressentait l'amer besoin d'oubli
Qui suit, dans les grands cœurs, le devoir accompli,
Et l'humble prêtre éprouve un attrait irrité
Pour cet intrus qu'il sent hostile à sa cité.
Tels, ils vont, accablés par la mélancolie,
Et le prêtre s'arrête et se tourne à moitié;
Son regard dit : Renonce ! et sa main dit : Pitié !
— Oui, par pitié pour toi, renonce à ta folie !

— Je veux ! — Soit.

          Et brisant les phrases commencées,
Ils poursuivent d'accord leur marche et leurs pensées.
Ils se pressent l'un l'autre; on croirait, à les voir,
Qu'ils luttent d'héroïsme au seuil d'un grand devoir.
Ils traversent un vaste atrium, lieu d'attente
Où toutes les douleurs du monde réunies
Apportent en tribut leurs larmes pénitentes.

Là, dans l'éclat poudreux d'un soir à l'agonie,
Leur fièvre se tempère aux frissons du silence.
Un deuil en voile noir, et qui pleure à voix basse,
Les croise comme l'ombre d'un malheur qui passe.
Un fiévreux les implore, affolé d'espérance.
Un patriarche épais s'éloigne, en philosophe,
Traînant un chant de clés dans un grand bruit d'étoffes.
Lourds d'ennui, de vieux gardes pèsent sur leurs armes.
Près d'un marchand d'extase, une innocente en larmes
Fait procès à son âme; et des vieillards lassés
Marchent, sans voir le monde, en deuil de leur passé.

Voici l'homme et le prêtre au seuil d'un grand portique
Où, venu de l'abîme, un silence mystique
Met une impérieuse et suprême défense.
Le prêtre tombe à deux genoux. L'homme s'avance,
Poudreux et noir, à pas pesants, la tête droite,
Sur le givre ébloui des parquets qui miroitent,
Vers l'alcôve lointaine, en forme de bûcher,
Où, sur un lit de pourpre, un vieillard est couché
Qui dort. L'homme, sans bruit, s'approche, et, sous un dôme
Impérial, découvre, étonné, le fantôme
Du Seigneur, le reflet de Celui qu'il réclame;
Et l'homme le compare, en le toisant de l'âme,
A l'image du Dieu qu'il convoite et qu'il porte :
Symbole inconscient de la foi demi-morte,
C'est un vieillard si vieux qu'il semble un souvenir,

Dont la dextre appauvrie et lasse de bénir
Ebauche en sommeillant des leçons souveraines,
Une frêle relique orgueilleuse qui traîne
Du fond d'un siècle à l'autre une ombre si pâlie
Que le ciel la prolonge et que le temps l'oublie.
Trois feux couleur de lune aux bras d'un lampadaire
Versent sur sa faiblesse un rayon de mystère.
Comme un insecte au vol, son sommeil qui bourdonne
Mêle un bruit d'aile au bruit des flammes monotones.
Tandis que les reflets d'un balancier de cuivre
Courent sur le mur sombre et semblent se poursuivre,
Une heure lente, au loin, qui passe, long voilée,
Sonne, invisible, sonne et meurt, si tôt fondue
Que l'homme s'interroge et dit : L'ai-je entendue ?
L'heure enfin me répond que j'ai tant appelée ?

Ah ! comme les détails des rites domestiques,
Symboles familiers, prennent un sens mystique,
Aux instants où l'angoisse ardente approfondit
Le verbe du destin pour qui rien n'est petit !
Ah ! Seigneur, que ta voie est rude à parcourir !
Quelle âpre solitude y règne, au voisinage
Du temple où les élus vont en pèlerinage
Au miroir de tes yeux se regarder mourir !
Combien sont-ils, vaincus d'avance et sans soutien,
Qui s'épuisent dans l'ombre à gravir les sommets
Et t'appellent d'en bas sans te trouver jamais,
Seigneur, sous le brouillard tragique où tu te tiens ?

Combien, dans les lointains obscurs de l'existence,
Au seuil du désespoir s'arrêtent à distance
Et fatiguent ton nom de clameurs inutiles ?
Ce soir, autour de nous, tout près, combien sont-ils
Qui pleurent leur misère en te tendant les bras?
Puisse leur âme, au jour où tu l'accueilleras,
Pardonner d'un sourire à la vie inclémente !

Ainsi l'homme longtemps médite et se tourmente;
Longtemps, dans le silence étrange qui s'impose
Devant l'enchantement religieux des choses,
Il écoute, penché sur la vivante idole,
L'esprit captif se plaindre et geindre sous l'étole;
Puis il appelle :
     — Pierre, éveille-toi, c'est l'heure !

Et le vieillard entend dans son rêve une voix
Qui dit : Pierre, debout, c'est l'heure, éveille-toi;
L'histoire appesantie est grosse d'un malheur :
Quelqu'un est là qui veut voir Dieu !
         Comme un blessé
Découvre à son réveil le spectre du passé
Qui mire dans ses yeux ses yeux, le grand pontife
Soulève avec effort son front méditatif
Et contemple l'intrus penché sur sa poitrine :
C'est un Breton robuste aux yeux d'aigues marines,
Épais de torse, long de bras, large de tempes,

Le teint jaune olivâtre d'une vieille estampe.
Son poil fauve est taché d'or clair, comme les crins
Des chevaux du Soleil, tigrés de sel marin.
Son front a la splendeur tragique dont reluit
La face des étangs qui pressentent la nuit.
Il porte en ses regards que l'extase a noyés
L'impénitent orgueil des titans foudroyés,
L'air distant d'un captif qui se sent à l'étroit
Dans ce monde impossible où le vulgaire est roi.

— Frère étranger, ami de Dieu, dit le prélat,
Tes pieds ont fatigué la route et tu es las,
Ton rêve a fatigué la vie et tu es triste :
Repose et prends espoir dans la maison du Christ.

Et l'homme : Oui, j'ai mangé la poudre des grand'routes.
La fièvre éblouissante et les splendeurs du doute
Brûlaient à l'horizon confus de ma pensée;
Mais que pèse la cendre des douleurs passées ?
Qu'importe le voyage à qui fait halte aux cieux?
C'est ici, n'est-ce pas ? c'est ici qu'on voit Dieu!

Sur la couche pensive où s'accoude sa peine,
Le vieillard, dont le front se reflète aux pupilles
De l'homme, est pris d'effroi de s'y voir si débile.
Le verbe, sur sa lèvre, hésite, à court d'haleine.
Son instinct de pasteur de peuples l'avertit
Que ce juge le pèse et l'estime petit.

— Quel es-tu ? d'où viens-tu ? dit-il, avec l'accent
De l'orgueil qui s'indigne et devient menaçant.

— Je suis Mithral. Là-bas, au nord, où, sur les grèves,
Le sable lumineux fuit à perte de rêve,
Où l'océan qui monte apporte aux riverains
La pureté de cœur des grands souffles marins,
Un phare qui se tient debout sur un îlot,
Comme un contemplateur de l'Éternel, regarde
Courir en s'inclinant les voiliers qui s'attardent
Dans les éruptions écumeuses des flots.
C'est là que j'ai vécu, prisonnier de l'espace
Et des eaux, dans l'attente et l'effroi de la grâce,
Penché sur le reflet de Dieu, si bien qu'un soir
L'impérieux besoin m'est venu de le voir
Face à face, et non plus dans le rayon dormant
Qu'il allume, à mer basse, aux yeux des éléments.
J'ai donc fait route avec la poussière, le long
Des champs pâles, rayés de sel et de sablons,
Et j'ai marché jusqu'à ta Ville bien-aimée
Que l'odeur du divin a toute parfumée.
Or, je suis devant toi comme le passereau
Des nuits d'hiver qui frappe et pépie aux carreaux.
Je chasse de mon cœur les phrases mensongères,
Les sourds bourdonnements négateurs que suggère
Au pèlerin perdu l'orgueil stérile et froid :
Désabusé de vivre et trop fier pour mourir,
J'ai pris goût au divin et n'en puis plus guérir ;

J'aime, je veux aimer, je veux croire, et je crois !
Tu es le grand aïeul du siècle, et compatis
A l'obscure et lointaine angoisse des petits.
Tu passes, conscient de ta suprématie,
Brillant comme un nuage et doux comme un messie.
Tu es du Dieu réel l'inexplicable image.
Tu reçois comme lui les âmes en hommage.
Comme un saint de vitrail égaré dans la vie,
Tu vas. Ta main pardonne et ta voix purifie.
Eh bien, j'attends de toi le geste qui m'indique
Où brille la lumière au fond du ciel mystique,
Un mot de vérité qui soit ma providence;
Et s'il faut, pour atteindre au Dieu que je réclame,
Abandonner mon nom, ma chair, jusqu'à mon âme,
Qu'importe ! un seul espoir soutient mon existence :
Gardien de l'invisible, ouvre-moi l'infini !

Mithral, comme accablé, se tut. Dans l'or terni
Du couchant, ravagé par de lointains éclairs,
Les lents balancements du pendule semblèrent
Élargir le silence autour de ses pensées.
Le coup d'aile alourdi des prières blessées
Battait comme le souffle expirant de la foi.
Mithral, triste, étonné du timbre de sa voix,
Cherchait par quel mystère, aussitôt exprimés,
Nos désirs, devenus étrangers à nous-mêmes,
Nous regardent d'un air de reproche suprême,
Comme de vieux amis qu'on a cessé d'aimer,

Et quel écho menteur parle dans nos vocables,
Signaux lointains que fait l'âme incommunicable
A l'âme; et le pontife, autant que lui déçu,
Sentait, dans le regard de l'homme, à son insu,
Monter, des profondeurs obscures du passé,
Le désir qui regrette avant d'être exaucé :
Et leurs cœurs se fuyaient l'un l'autre, en écoutant
La fuite de la vie entre les doigts du temps.

Enfin : Tu veux voir Dieu, dis-tu. Vois et adore,
Mon fils.
          Mithral se tourne avec l'espoir sublime
De voir Celui dont l'ombre éblouit les abîmes.
Tout est désert. L'espace, où tremble un halo d'or,
Est nu. Mais le vieillard que la foi transfigure
Désigne un brasier pâle, au fond du clair-obscur,
Et Mithral aperçoit, sous des flammes sans nombre,
Un autel surchargé de joyaux, où se tient,
Symbole desséché du mystère chrétien,
Un plâtre vaniteux qui sourit à son ombre.

CHANT II

LE GRAND PONTIFE

Lorsqu'il comprend que Dieu s'incarne dans ce plâtre,
L'homme laisse tomber de haut sur l'idolâtre
Un lent sourire empreint de la pitié lointaine
Que témoignent, devant les fétiches du culte,
Les fervents d'idéal aux baiseurs de patènes;
Et le vieillard blêmit comme sous une insulte.

— Ton impossible espoir est un vœu criminel :
Seule la sainte Église entrevoit l'Éternel,
Mon fils, dit-il, et seul je dirige ses yeux
Vers le point du mystère où je pressens qu'est Dieu.
Regarde.
      Et le pontife écartant un rideau,
Mithral découvre, aux bords spumeux d'un long cours d'eau,
La ville pâle, au loin, sur ses ponts accroupie,
Qui gronde en s'endormant comme une louve assise,
Louve de marbre aux pieds ténébreux de l'Église.
Sur ses murs blonds, voilés de poussière assoupie,

Des arabesques d'ombre et de clarté se meuvent.
L'écho des temps passés chante encore à ses portes.
Devant un clair de lune oublié sur l'eau morte,
Un pont, boiteux d'une arche, attend la mort d'un fleuve.
La fièvre se promène au bord des flots perfides,
Et sur les champs déserts s'ouvre le grand ciel vide,
Le ciel stérile où ne fleurit que le désir.

Mithral songe; il se tait; sa tristesse accoudée
Suit, dans un vol d'oiseaux, l'essor de son idée;
Il sent autour de Dieu les ombres s'épaissir.
Ah ! la stupeur des grands voyageurs, arrivés
Enfin sur le sommet dont ils ont tant rêvé
De loin, et qui, là, seuls, devant l'abîme, oublient,
Dans les bras frissonnants de la mélancolie,
Le parfum d'idéal qui flottait sur leur rêve !

— Vois, vois, dit le vieillard ardent qui se soulève
Et montre, impérissable, au loin, dans la lumière,
La croix, plante vivace aux secrètes racines,
Si féconde en rejets sur la terre latine
Que l'espace, à ses pieds, semble un grand cimetière,
Tant elle épanouit, sur l'immense horizon
Des toits, son innombrable et morne floraison
Funèbre.
         — Vois ! partout le triomphal symbole !
Là, comme un aigle d'or au sommet des coupoles,

Qui bat de l'aile et va s'enlever dans l'azur ;
Là, comme un ange ouvrant les bras sur les masures,
Pris de pitié pour les ténèbres qu'il bénit;
Là-bas, comme un jet d'eau qui luit sous un portique;
Là, comme un doigt tendu qui montre l'infini;
Là, tout près, comme un glaive au flanc d'un monstre
[antique;
Et là-haut, filant droit, d'une audace insensée,
Comme une flèche sainte à l'Éternel lancée :
Partout il croît, semant la gloire autour de lui,
L'arbre miraculeux qui porte un dieu pour fruit!
Et plus loin que l'espace où s'égarent tes yeux,
Le même arbre mystique embaume d'autres cieux.
Partout où l'homme allume un feu, les bras ouverts
De la croix jettent l'ombre immense du Calvaire,
Et partout où la croix prend racine, elle abrite
Un autel où la loi que je dicte est écrite.
Tu l'as dit, c'est mon doigt, guidé par Dieu, qui trace
Un signe lumineux au front des grandes races,
Ou qui, pour les marquer, flétrit d'une croix noire
Les peuples empestés qui salissent l'histoire :
Mesure ton néant et pèse ton audace
A toi qui viens et dis : Je veux ! devant ma face.

— Je suis homme, dit l'homme.
— Enfant ! dit le vieillard,
L'homme est cendre et poussière et son rêve est brouillard,
L'homme, grand machiniste et planteur de décors,

Bâtit et jette à bas pour rebâtir encore;
Il construit des cités d'orgueil sur une idée
Qu'il ruine d'un mot dès qu'il les voit fondées.
— Je veux, dis-tu. — Pitié! tu n'as pas à vouloir.
Seule l'Église veut et sait, et seule fonde.
Je suis celui qui pense et parle pour le monde :
La gloire d'obéir doit suffire à ta gloire.
Il dit, et sous son grand manteau pontifical,
Son geste a la lenteur demi-lasse et demi
Dédaigneuse d'un roi qui se sait tout permis.
Son regard absolu ne souffre point d'égal.
Mais l'homme, à son côté, qui porte dans ses yeux
L'orgueil, l'antique orgueil contemporain de Dieu,
Se tait; et le vieillard, essuyant son front blême,
Trouve au temps qui s'écoule une odeur de blasphème.
Triste, il reprend d'un ton plus averti :
                                        — Mon fils,
Les rêves avortés sont le ferment des vices.
Le chemin du désir aboutit aux ténèbres.
La couleur du savoir a des reflets funèbres.
Prends garde ! par l'esprit, le démon t'a tenté;
L'arbre de la science a des fruits empestés
Dont la chair fait vieillir : malheur à qui les touche !
Ils ne laissent que fiel et cendre dans la bouche.
Prends garde ! La pensée humaine est un miroir
Où l'homme, en sa candeur, se sourit, sans se voir.
L'incrédule, égaré dans l'abîme des nombres,
Interroge à genoux la forme de son ombre,

Et l'écarte du geste et ne peut s'affranchir
De l'humble et noir témoin qui le regarde agir
Sans but. Bientôt il voit se flétrir son orgueil
Comme un fruit qui pourrit dans la main qui le cueille.
Escorté de sanglots lointains et de blasphèmes,
Le défilé des jours passe, toujours le même.
En vain, la passion tâche à distraire un peu
L'ennui qui se souvient d'avoir égaré Dieu ;
En vain, pour fuir la peur, cette lèpre tardive
Qui croît, stérile, au flanc des races maladives,
Les plaisirs en pleurant s'accouplent sur la route,
La peur qui se survit tremble d'avoir été
Et l'espérance humaine, assise dans le doute,
Veuve de ses désirs, attend l'éternité.

Comme un soldat blessé qu comprime son flanc
Rouge, et sent s'échapper son orgueil ruisselant,
Mithral, souffrant d'entendre, étouffe un cri plaintif.

— Souviens-toi du jardin d'Éden, dit le pontife.
Pour tes yeux d'innocent que son ciel était beau!
Quel silence en ton âme, alors, et quel repos !
D'autres voulaient pour toi. Tu jouissais de vivre.
Que t'importaient l'abîme et le Verbe et le Livre!
Tu partageais la foi des simples sans défense
Pour qui le Dieu vivant est un ami d'enfance !
Reprends ton rêve aisé d'amour heureux : confie
Au Saint-Esprit le soin de t'inspirer la vie,

Et gai comme un enfant qui n'a pas de passé,
Laisse aux porteurs de croix le fardeau de penser.
O charme d'obéir ! O repos ! O douceur !
Plus de doute épineux, d'obscurités qui lèvent,
D'horloge qui s'attarde à méditer les heures :
C'est la fuite de l'onde entre des doigts qui rêvent.
Desservant ingénu des rites du devoir,
L'homme, sans un frisson, marche au devant du soir.
La mort, toujours fidèle, arrive au rendez-vous
La première, et le pas de la nuit est si doux,
L'homme est si confiant dans la foi qui le mène
Au port, que le baiser du froid le trouble à peine :
Il croise ses deux mains sur sa vie; à voix basse
Il conte à Dieu son œuvre, et dort... Un ange passe.
O sagesse ! Abandon ! Amour ! Douceur de croire !

Mithral, dans le sentier obscur de sa mémoire,
Se retourne vers son enfance et la revoit,
Sur un fond de vitrail, passer dans l'autrefois,
Avec ses beaux amours qui lui faisaient cortège.
Il a peur du présent comme d'un sacrilège
Et s'en détourne et tend les bras vers la merveille...

Mais, dans la nuit du temple, un chant confus s'éveille;
On dirait, tant son rythme est sourd et monotone,
L'écho qui n'a de nom que celui qu'on lui donne,
Le bourdon du regret sonnant dans le passé,
Puis un silence.

Et le pontife s'est dressé :
C'est l'instant glorieux que chaque soir ramène,
Où, semant sa pitié sur la poussière humaine,
Comme un soleil couchant, pour finir sa journée,
Il va bénir d'en haut les foules prosternées.
Déjà, selon la forme exacte qu'a prescrite
Le temps, ordonnateur des pompes et des rites,
Les premiers sons de l'orgue étonnent le silence :
Un frisson de musique à fleur de conscience;
Des chants, des voix, des pas respectueux circulent,
Un cantique en sourdine endort le crépuscule;
Des profondeurs du temple, un cortège de prêtres.
Sort, et vient à pas lents, et grossit sans paraître,
Et son murmure épars s'enfle en un chœur puissant,
Comme un cercle sur l'eau qui va s'élargissant.

C'est un soir jubilaire où deux partis haineux,
L'un fier, l'autre attristé des jours qu'ils commémorent,
Victimes de l'esprit qui se partage entre eux,
Heurtent leurs souvenirs au bruit du nom des morts.
Vainqueurs inconsolés de leur propre victoire
Et vaincus orgueilleux de se sentir blessés,
Tout un peuple déchire en lambeaux son passé,
Comme afin de se faire absoudre de sa gloire.
Or, oublieux du chant qui déferle à sa porte,
Debout, levant vers un invisible témoin
Ses mains pâles, si pâles qu'on les dirait mortes,

Le vieux pontife, triste et las, contemple au loin
Son peuple qui s'allonge au couchant de l'histoire.
Survivant accablé d'un temps blasphématoire,
Il voit en songe, à l'horizon des races blanches,
Comme une forteresse orgueilleuse qui penche;
Des caves de l'abîme, un démon l'interpelle :
— Gardien de l'infini, souviens-toi de Babel ! —
Mais l'écho du passé l'entoure et le rassure :
La cité du mystère est fondée à jamais !
Et voici qu'il se montre à son peuple, au sommet
D'un mince escalier noir tordu sur fond d'azur,
Très haut, très pur, très loin, blanc comme une statue.
La voix qui parle au nom des fantômes s'est tue,
Mais il entend encor, parfois, comme un scandale,
Pleurer dans les faubourgs la nuit sentimentale.
A ses pieds, dans l'or sombre éparse, au crépuscule,
La foule, comme l'onde impulsive et crédule,
La foule, dont l'enfance interminable étonne,
Attend un geste humain pour que Dieu lui pardonne;
Mais, là-bas, bouillonnant comme un flot soulevé,
La canaille féconde engraisse les pavés.
Le sol brunit; déjà, dans l'ombre, on voit fleurir
L'œil rouge que la vitre ouvre sur l'azur noir.
Le vieillard frissonnant retourne à son devoir.
Sa tristesse vaillante a l'accent d'un sourire;
Sa main, qui se balance, éloquente, répète
Le mot silencieux qui fait courber les têtes.
Un instant encor, grave, immobile, il médite :

Sur le siècle insoumis que la nuit tombe vite !
Que de soleils couchés à l'horizon des âmes !...
Puis, aux cris glorieux du peuple qui l'acclame,
Sa main répond : Je suis la loi du monde. Allez.
J'ai fait serment d'orgueil au ciel immaculé.
Je suis l'esprit vivant et l'écho du Messie.
Allez.

Et soudain seul, dans sa chambre obscurcie
Qu'éclairent vaguement trois feux couleur de lune,
Il retrouve, debout comme une sentinelle,
Ce pèlerin perdu qui veut voir l'Éternel.
Jaloux de s'affranchir de cette ombre importune,
Sur ce triste insensé qui le traite en égal,
Il étend par pitié sa main patriarcale.
Mais l'homme, à contre-jour, dans la clarté diffuse,
Agite, sans répondre, un doigt lent qui refuse;
Et devant ce croyant terrible dont le geste
Affirme l'Être unique et retranche le reste,
Soldat de l'idéal qui ne se rend qu'à Dieu,
Le prêtre entend crouler le siècle, et se sent vieux.

— Le Seigneur dans sa main te pèsera, dit-il.
Mais l'homme, du regard : Non, non, c'est inutile.
Un long silence. Enfin : Tu veux voir Dieu, mon fils,
Retourne sur tes pas et marche au sacrifice.

Mithral tourne le dos et s'éloigne, laissant
Gémir derrière lui le vieillard blêmissant
Qui, dans la nuit, le dernier feu s'étant éteint,
Le rappelle du geste, impuisssant, incertain,
Puis s'écroule, accablé par la toux, le front bas,
Comme un pauvre qui pleure au pied de son grabat,
Secoué de sanglots étouffés dans la soie,
Comme s'il tressaillait d'une effrayante joie.

CHANT III

L'ASCÈTE

Pour prix de son audace et de son insolence,
Mithral est exilé sur un îlot désert.
Il pousse au large un cri d'angoisse et de misère.
Au bord de l'horizon mystique, un grand silence.
D'un long regard sans flamme où la vie est absente,
Il admire longtemps, debout sur la falaise,
La monotone horreur où les flots se complaisent.
Mais le besoin de fuir le trouble et le tourmente :
Il va, vient, court, s'éloigne et revient, sans résoudre.
Dans les rochers haineux, taillés à coups de foudre,
Un vent brusque, échappé de cavernes lointaines,
Caresse le sommeil frissonnant des fontaines.
L'ombre noire d'un grand nuage convulsé
Sur la vase se tord comme un monstre blessé.
Des ruisseaux, égarés dans les abîmes, pleurent.
Le sol est plein de croix sans âge et sans couleur,
Comme si dans ses flancs se trouvaient enterrés
Les restes confondus d'apôtres ignorés.
A peine passe-t-il, timide, entre ses fentes,
Un sourire ingénu de verdure vivante;

Seuls, de jaunes pavots, tout grelottants d'écume
Et lourds de sable, au loin, dans la pénombre, allument
Leurs pétales d'or pâle, ainsi que des veilleuses,
Et brûlent, fleurs de deuil, sur leur tige effacée,
Comme des feux secrets dans les âmes blessées
Qui ne content qu'à Dieu leurs douleurs merveilleuses.

Mithral grimpe au plus haut rocher qu'il aperçoive,
Coupe où sans se poser les hirondelles boivent,
Et voici qu'il discerne au loin, parmi les dunes,
Une barque échouée aux bras du vieux Neptune,
Fantôme de bateau qui, sur le flanc couché,
Semble le roi mourant d'un peuple de rochers.
Avec un cri joyeux qui sonne la victoire,
Il se laisse, en trois sauts, tomber du promontoire;
Mais soudain, haletant, il s'arrête en silence
Dans le geste en suspens d'un coureur qui s'élance.
Sous un dolmen rompu d'où l'écume ruisselle,
Les bras verdis de vase et les pieds gris de sel,
Communiant avec les songes des étoiles,
Un homme est là, vieillard géant, couvert de poils,
Dans son rêve extatique enseveli vivant.
Son visage est tourné vers Dieu. Sa volonté
Brille entre ses sourcils sur ses instincts domptés.
Sa foi plane sur l'aile invisible du vent.
Plus loin que l'univers dont les sens nous témoignent,
Son désir, constellé d'étincelles, s'éloigne
Vers l'ineffable éden où l'Éternel réside.

Ses yeux évanouis n'ouvrent que sur le vide.
Le souffle, sur sa lèvre épars, est si subtil
Que le temps oublieux n'en connaît plus le bruit;
A peine, en sa pitié, le Seigneur l'entend-il;
Mais l'ascète perçoit l'haleine de la nuit.
Il grandit en éclat comme une fleur coupée
Que la mort a cueillie et n'a pas détrompée.
On dirait que, perdu dans l'âme de la terre,
Il vit, comme un rocher, la vie élémentaire :
La mer monte, descend, remonte; rien n'émeut
Ce rêveur formidable absorbé dans son Dieu.
Est-il vivant ? Mithral, incliné sur sa bouche,
Ecoute, et d'une main frissonnante le touche.

— Père, tu dors ? dit-il.

                    Or, le vieillard gisant
Habite en un poème au-delà du présent,
Mais dans son geste trouble, au délire arraché,
Un reste de tendresse est encore ébauché.

— Enfant, tu veux voir Dieu, dit-il (et son poil gris
Se hérisse de joie au seul nom de l'Esprit)
C'est par le jeûne et par l'extase éblouissants
Que la pensée humaine atteint au Tout-Puissant.
Cesse de t'agiter comme la mer fiévreuse,
Tais-toi; médite. Attends l'extase bienheureuse.

— Je veux voir Dieu vivant, dit l'homme, et non son ombre.

Attends-tu que le temps ait fini de couler ?...
Pardonne si d'un bruit vaniteux j'ai troublé
Ton sommeil maculé d'éclaboussures sombres.
Je suis Mithral, gardien de phare et pèlerin.
N'ayant pu me montrer le Maître Souverain
Que j'ai fait le serment d'arracher à ses rêves,
Le pontife irrité m'exila sur ces grèves :
C'est là, dit-on, que l'âme, au-delà du possible,
Apprend l'inconnaissable et joint l'inaccessible.
Père, est-il vrai ? Quel est ce lieu désespéré ?
Serait-ce en ce désert que Dieu s'est retiré ?

— Mon fils, dit le vieillard, ce lieu mélancolique,
Peuplé de souvenirs sans nombre et de reliques
Sans pouvoir, sert de tombe aux fidèles venus
S'offrir en holocauste au Seigneur inconnu.
Ces pâles fleurs ont le parfum de la prière;
Ce sable aux tons de bronze est un grand cimetière.
Toi-même, si l'Esprit que tu cherches si loin
Persiste en son exil à rester sans témoin,
C'est ici qu'au retour du voyage céleste,
Ces flots, par Lui guidés, apporteront tes restes.
Que d'autres sont partis tenter même fortune
Qui dorment oubliés sous ces mornes lagunes !

— N'importe, dit Mithral, j'irai. Je les envie
Les grands explorateurs du ciel étendus là,
Vaincus par les douleurs de leur apostolat !

Que pèse aux mains du Temps la cendre de la vie ?
Que sert-il d'épargner les jours ? J'ai fait le vœu
De me perdre dans l'ombre ou d'aborder à Dieu.
N'as-tu pas même espoir ?

                    — Il est vrai; mais tandis
Que tu cherches le Maître aux lointains paradis,
Je poursuis l'Éternel dans l'abîme du songe,
Au plus profond de l'âme où je le sens caché.
— Et que vois-tu, dit l'homme, en ce gouffre où tu plonges?
— Je vois, dit le vieillard, des formes s'ébaucher.
D'étranges visions d'une étrange envergure
Empourprent à demi mon âme claire-obscure.
Je découvre la paix du cœur où se retirent
Les sages fatigués de feindre et de mentir.
Mes sens prennent un rythme exalté; je perçois
Le souffle de la neige au vol, si lent qu'il soit;
J'entends, d'un monde à l'autre, à ses frères unis,
Tomber un grain de sable à travers l'infini.
Je vois briller au loin l'évidence. Je tente
Sa capture; je touche à sa traîne éclatante;
Je doute, et des rayons d'étoiles attardées
Semblent me présager d'étonnantes idées,
Comme des vérités qui luiraient à distance,
Et, par instants, pareils à des verbes qui passent,
Brillent de longs fils d'or tendus dans les espaces.
Je cherche et prie : enfin, sous mon vouloir intense,
Des horizons d'espoir aux tons miraculeux,

Des ciels éblouissants à force d'être bleus,
A perte de regard, à perte de raison,
S'ouvrent à l'imprévu sur d'autres horizons,
Et seul, dans le silence imprégné de lumière,
Je vole éperdûment vers la source première...
Puis l'extase se traîne et s'abat, épuisée ;
L'azur se troue au vent comme une étoffe usée;
Le jour, enténébré de macules confuses,
Pâlit. Malheur à moi : l'Éternel se refuse !
Et si, quand Dieu dit non, je lui résiste, alors
L'ombre s'étend, les cieux fanés se décolorent;
Ma raison se disperse en poussière ; l'idée
Me fuit, toujours présente et jamais possédée,
Et mon regard fiévreux, exilé de là-haut,
Ne voit plus que désordre au monde et que chaos !
Le chaos qui se ment et se meurt à lui-même,
Des cœurs épouvantés épouvantable emblème,
Le chaos, négateur de toute obéissance,
Qui n'a que des désirs et qui n'a pas d'essence,
L'être qui, par nature, élude la pensée !
Il naît, meurt et renaît, d'une allure insensée,
Comme un entassement de prodiges énormes
Qui s'efforcent sans fin d'échapper à leurs formes.
Mon rêve, à bout d'efforts, en quête d'un refuge,
Sent la folie errer sur ce nouveau déluge ;
Dans le gouffre du temps cherchant où se poser,
Il tombe, et se relève, et retombe, épuisé :
Mon âme a le vertige et tout s'évanouit...

Hélas ! plus je m'abîme en moi, plus je m'y perds;
L'Éternel se dérobe et je me désespère.

— Renonce, dit Mithral, à ces jeux inouïs.
Cesse d'interroger l'ineffable. Renonce.
Ton âme sans échos ne rend point de réponse.
Un soir peut-être, au fond du silence béant,
En place du chaos, tu verrais le néant.

Tel, dans le crépuscule, un fantôme engourdi,
L'ascète étend un bras, puis l'autre, et se roidit.
Comme un monstre expirant que la lumière achève,
Un cauchemar se tord aux branches de son rêve;
Enfin, dans un suprême effort, il sent faiblir
L'extase, et lentement s'éveille du délire.
Revenant d'outre-monde à qui la nuit pardonne,
Il regarde fleurir la vie, et s'en étonne.
Sur la mer limoneuse aux ombres bleu d'argent,
Des tourbillons d'oiseaux s'échappent et se posent.
Les trèfles de leurs doigts marquent le sable rose,
Et des anges, sortis des cités du couchant,
Semblent se fondre dans l'espace. Mais l'ascète,
Indifférent, se lève en détournant la tête.

Comme deux exilés à la barbe amaigrie
Qu'un trop haut idéal chasse de leur patrie,
Les deux hommes, debout, seuls devant l'éphémère
Beauté des horizons qui croulent dans la mer,

Se contemplent en paix, longtemps, et se pénètrent.
Leurs yeux à leur fierté semblent se reconnaître.
Ils savent qu'ils sont deux proscrits de même race
Unis par la douleur et l'épreuve. Ils s'embrassent.

— Père, ta voix ressemble aux voix qui m'ont bercé.
Sur le rocher d'Armor n'es-tu jamais passé ?

— Jamais... Armor, dis-tu ? Peut-être... attends : Armor,
Armor ?... Est-ce un écho que je me remémore,
Ou n'est-ce que ta voix présente que j'entends
Dans l'autrefois, par un mirage de mémoire ?
J'ai fait de tels efforts pour m'affranchir du temps
Que je confonds les traits de l'aube et ceux du soir :
Dans mon âme déserte où des brouillards voyagent,
Les rêves ont laissé d'invisibles sillages.
Qu'importe ! reprend-il en fermant ses yeux caves,
Le tourment de connaître égare ceux qui savent :
Oublions.
            — Que fais-tu sur cet îlot désert
Où, de si loin venus, nos destins se croisèrent ?

— Je suis Nominoé, mon fils, dernier croyant
Et dernier roi d'une humble église d'Orient.
Prélats, scribes, docteurs m'ont condamné. Mon crime
Est d'avoir supposé, dans une lettre intime,
Qu'il est de beaux démons, sages à leur manière,
Dont l'âme a fait le tour des vérités dernières...

Sainte ombre des cachots où ma foi s'est mûrie,
Tu m'enseignas que l'âme est une autre patrie,
Que la prison des corps est l'unique prison
Et qu'au-delà des sens s'ouvre un autre horizon
Plus vaste, où la pensée à l'étroit peut trouver
L'éden mystérieux que Jésus a rêvé !
Solitudes du songe où s'éloignent les sages,
Cités de l'invisible où vont chercher asile
Ceux qu'un haut idéal prédestine à l'exil,
Quelle secrète angoisse emplit vos paysages !
C'est pourtant là qu'à Dieu j'ai donné rendez-vous
Dans le désert mystique où s'égarent les fous !

— Laisse-moi te guider, dit l'homme, et si le but
Nous échappe, moi seul en porterai le blâme;
Il sera toujours temps de poursuivre en ton âme
Les cycles de l'extase un jour interrompus :
Viens.
      L'ascète obéit, du geste indifférent
D'un vaincu qui n'a plus d'orgueil et qui se rend.

Dans un rayon humide où l'on voit sautiller
De vagues poux de mer sur le sable mouillé,
L'ombre des pèlerins fantastiques s'engage
Sur la vase luisante où meurt le crépuscule.
Une impure tristesse emplit le marécage;
Une eau blême s'y traîne en réseaux minuscules,

Et les pieds inquiets, dans le sol fourbe et moite,
Cherchent l'appui tranchant des rocailles étroites.
Pleine d'écume morte et de gazons marins,
La barque offre un asile amer aux pèlerins.
Ils la frappent du poing, de l'épaule, et l'éveillent.
Ah ! pauvre barque infirme et lasse, elle est si vieille !
Aura-t-elle gardé souvenir des baisers
Du flot qui la désire et qui va l'épouser ?
Du geste d'autrefois elle se livre et flotte,
Le hasard à l'arrière en guise de pilote.
Ils embarquent. L'esquif dérive en tournoyant;
Un courant invisible emporte les croyants;
L'eau tremble; un frisson d'or tombe du ciel pensif;
Des lentilles de lune au fil de l'eau s'égrènent,
Et dans l'écume bleue arrachée aux récifs,
L'aboi des chiens de mer fait pleurer les sirènes.

CHANT IV

L'AUTRE MONDE

Or, les chercheurs de Dieu, pour l'Eden embarqués,
Sont fatigués d'errer sur les flots fatigués,
Etranges voyageurs perdus dans un décor
D'horizons nébuleux plus étranges encore !
Comme autour des vieux saints des légendes celtiques,
La mer, couleur de lait, reflète un ciel mystique
Où dorment des oiseaux pâles, couleur de perle.
Des vagues de brouillards silencieux déferlent,
Où les bruits, lourds de brume, à ces oiseaux pareils,
Passent d'un vol si faible et si lent que l'oreille
Tâche en vain de franchir la limite où les sons,
Cessant d'être des voix, deviennent des frissons,
Comme les gestes invisibles du silence.
Tels, sur le doute errants, les nouveaux Argonautes,
Égarés dans l'abîme atteint de somnolence,
Vivent du seul espoir d'échouer à la côte
Éternelle. A quel terme iront-ils de la sorte ?
Dieu seul le sait qui fuit si loin. La voile est morte...

Triste, à l'arrière assis, Nominoé dénombre
Les jours dont il s'éloigne épars dans la pénombre :
Passager de la vie au terme du voyage,
Il regarde le temps s'enfuir dans le sillage
Et seul, sans le savoir, le retarde en son cours.
Mithral, impatient de profiter des jours,
Pâle, à l'avant assis, brûle de fièvre; il sait
Que par son seul désir l'esquif est propulsé :
Sans lui, sur l'océan du possible flottante,
La vie indéfinie oublierait dans l'attente.
Ruisselant de l'écume échappée à l'étrave,
Il surveille l'Ancien d'un regard triste et grave
Et sa ferveur s'épuise à franchir l'étendue.
Tout à coup, comme une île en plein ciel suspendue,
Il voit, sur son chemin, surgir un promontoire
Que la nuée en feu dérobe sous sa gloire,
Dominant l'horizon de sa pensée obscure,
Pareil au souvenir de ces grandes figures
Qui semblent, à distance, être encore plus grandes,
A travers le brouillard et l'encens des légendes.
Il redouble l'élan de son vouloir, accroît
La fièvre de sa course et vogue à toute allure,
Et son désir bourdonne et bat dans la voilure.
Il aborde, il prend pied, plein d'un mystique effroi.

— Père, père, viens-tu ?
                    L'ascète interpellé

Laisse tomber dans l'ombre un grand geste accablé.
Mithral grimpe aux rochers aigus qui le déchirent,
Et fier, ardent, heureux, impatient d'agir,
S'arrête, avec un cri de surprise, devant
Le spectacle d'un monde étrange et décevant.

Au creux d'une vallée immense, où des macules
De feu semblent flotter dans l'air, au crépuscule,
D'innombrables fantômes tristes se promènent.
Ce sont des légions de demi-dieux pâlis,
Médiateurs issus de la famille humaine,
Qu'agite le besoin d'échapper à l'oubli.
Les plus beaux ont au front un brouillard lumineux,
Symbole de la foi que l'homme garde en eux;
L'œil inquiet, l'allure incertaine, enfiévrés
De peur, mais fiers encore et sûrs d'être sacrés,
Ils passent, glorieux du miracle qu'ils portent.
D'autres dont l'auréole est trouble, à demi-morte,
Vont, viennent, incertains, affolés par l'angoisse
De sentir à leur front les flammes qui décroissent,
Et s'arrêtent, muets de terreur, quand ils voient
Blêmir le reflet d'or qu'ils traînent sur leur voie.
Des prélats dont la gloire à l'instant est tombée,
Cherchent dans les graviers leur grandeur dissipée.
D'autres, au bord d'un lac ardent qui resplendit
Comme un beau rêve, au loin, de regrets alentis,
Venus mirer tout bas leurs masques défaillants,
A grand bruit, dans l'abîme, appellent des croyants.

Trois vieillards enlacés qui rapprochent leurs nimbes
Semblent des pénitents exilés dans les limbes.
Des rois prennent la fuite, épouvantés d'eux-mêmes.
Des vierges en silence entrent en oraison.
Des voyants sont tournés vers la Pitié suprême.
Un cortège s'éloigne, en hâte, à l'horizon.
Un enfant se sourit dans une vasque blonde
Et son hautain sourire a l'accent de défi
D'un dieu chassé du ciel à qui l'orgueil suffit.
Et, dans l'ombre, à l'écart des heureux et du monde,
Des oubliés, sans nom, sans beauté, sans figure,
Rôdent, tout noirs, pareils à des astres obscurs
Qu'un orage céleste a consumés trop vite !
Et tous, éblouissants ou ténébreux, gravitent,
Mais de très loin, autour d'une étoile qui brûle
Dans le brouillard mystique, au fond du crépuscule.

Mithral croit les connaître et presque les nommer,
Comme d'anciens amis perdus, longtemps aimés,
Dont le reflet s'impose, affaibli par l'absence,
Et le nom se dérobe à ses réminiscences.
Il tremble, il s'interroge, il parcourt d'un coup d'œil
Désolé ce troublant paysage de deuil.
Quels fabuleux regrets font mouvoir ces fantômes ?
Quel trouble les agite et qui sont-ils ? Seraient-ce
Les saints, les derniers nés du ciel, qui disparaissent ?
Dieu serait donc le roi de ce morne royaume ?

Comme il jette alentour un regard égaré,
Le soir se fait plus triste encore et s'assombrit,
Car, dans ce nouveau monde où Mithral est entré,
Le ciel prend la nuance et le ton de l'esprit;
La raison qui se mire au spectacle des choses
Retrouve son reflet dans leurs métamorphoses;
Le temps n'a point ici de cours tracé d'avance,
La vie, en son essor, le rythme à sa mesure,
Les jours, selon les cœurs, sont d'orage ou d'azur,
Et la saison revient comme une souvenance.

Or, Mithral s'abandonne à sa pitié secrète,
Lorsqu'un vieillard passant l'avise en sa retraite
Et s'approche. Épuisé, vêtu d'un seul cilice
Qu'il presse par instants pour jouir du supplice,
Il court. Le pâle anneau lumineux qui le suit
Palpite avec son souffle et s'éteint avec lui,
Et ses orteils sanglants et crispés par l'effort
Creusent le sable frais d'empreintes de phosphore.
Il brûle d'un vouloir splendide; il est à bout,
Il va s'abattre et l'orgueil seul le tient debout.
Il marche vers Mithral qu'il provoque du geste :

— Ami, ne parle pas toi-même au Roi céleste !
Choisis un interprète habile et me confie
Le mot qui t'illumine ou t'assombrit la vie :
Je traduirai ton rêve à Dieu. Pour ton bonheur,
J'ai le secret du verbe agréable au Seigneur :

Parle.

Incertain, Mithral se tourne, et reste court
Devant l'étrangeté de l'homme et du discours.

Un fier adolescent s'approche, aisé d'allure,
Noble, une écume d'or baignant sa chevelure,
Des cheveux de soleil couchant, sur un teint d'ambre
Intense et chaleureux comme un soir de septembre.
Soldat de l'invisible armée, il porte au flanc
Le glaive de lumière où l'esprit se reflète.
La cuirasse de feu, sur son torse d'athlète,
Brille comme un miroir d'azur étincelant.
Sur sa tempe, un profil délicat de laurier
Met un sévère et noir sourire de verdure,
Comme pour tempérer ce qu'a d'un peu trop dur
Son beau masque de roi-prophète et de guerrier.

— Apprends-moi quel remords propice ou quel déboire
Incline à son salut ton âme à bout d'espoir,
Quel besoin de pardon te dévaste l'esprit.
Je suis la source en qui le Seigneur se sourit,
Le bienvenu, l'ami de Dieu, son jeune frère,
Qui, d'un regard, au Maître offrirai ta prière.
Parle : j'ai des secrets pour guérir tous les maux.

Mais avant que Mithral ait pu placer un mot,
Derrière un porte-croix qu'un porte-clés précède

Et des porte-lumière escortés de leurs aides,
Un monarque du ciel survient, qui resplendit
Comme la mer étale au soleil de midi.
Mitre au front, globe en main, l'auréole en amande,
Son sourire éblouit et sa douceur commande.
Il s'avance d'un pas superbe.

                    — Ami, dit-il,
Ton cœur complexe attend un confesseur subtil :
Dans une heure d'angoisse ébranlé par le doute,
L'ombre de ta fortune hésite entre deux routes.
Eh bien, parle. Mon doigt devine en se levant
Les caprices du songe et les projets du vent :
Je suis le plus puissant pasteur et le plus vieux,
Régent de l'infini, coadjuteur de Dieu :
Parle.

Mithral, confus, entre les trois apôtres,
Son regard incrédule allant de l'un à l'autre,
Se tait. De nouveaux saints arrivent à la fois
Qui l'appellent de loin d'un signe ou de la voix.
L'homme s'impatiente; on dirait, à son geste,
Un taureau harcelé par des meutes célestes.

Le lac, les monts, l'espace, éblouis par le soir
Pacifique, ont l'aspect de splendeur illusoire,
L'air d'irréalité rayonnante que prêtent
Aux édens primitifs les fous et les poètes,

Comme s'ils étaient dieux ou s'ils se souvenaient;
Et là, du fond des bois, des sables, des chênaies,
Partout, ardents, fiévreux, refusant de mourir,
Les fantômes sacrés s'empressent d'accourir.
Sous les pins revêtus de gommes parfumées,
Les pas des revenants font un bruit de fumée.
L'espoir de vivre emplit d'orgueil les plus maussades.
Ceux qui déjà vers Dieu partaient en ambassade
Reviennent. Des enfants se tressent des guirlandes.
Une vierge précède un vieux roi de légende.
Un ange, à l'horizon, se hâte, à tire d'ailes,
Et vers le coin du ciel où se montre un fidèle
Tous les spectres errants du paysage accourent,
Empressés à promettre en offrant leur concours.

— Parle, parle, il n'est pas de douleur si secrète
Que la pitié d'un saint n'entende et n'interprète
Nous guidons à la gloire où le ciel les convie
Les morts mal éveillés du songe de la vie :
Comme toi, pour gagner ces bords, nous traversâmes
Le désert du sommeil où se cherchent les âmes.
Comme toi de la chair de la femme sortis,
Nous sommes indulgents au verbe des petits :
Nous connaissons comme eux l'étrange résonance
Que le mot le plus simple emprunte aux souvenances.
Les plus lointains de Dieu peuvent nous approcher,
Nous qui sûmes comme eux la saveur du péché.

Nous vêtons de beauté leur plus pâle oraison,
Car, humains pour entendre et divins pour traduire,
Nous écoutons leur âme et nous la transposons.
De ta tristesse, ami, veux-tu pas nous instruire ?
Nous sommes oiseleurs et charmeurs de prières :
Flattés s'ils sont craintifs, éteints s'ils sont osés,
Tes vœux entre nos mains seront apprivoisés
Et voleront tout seuls à Dieu dans la lumière.
Parle.

    Mithral se tait. Les voix, alors, tout bas :
— Dans le miroir du verbe où l'esprit se reflète,
Crains-tu de retrouver ton image secrète,
O pénitent à qui la grâce ne vient pas ?
Nous sommes, sois tranquille, assez subtils d'oreille
Pour ouïr à son souffle un désir qui s'éveille,
Un remords timoré que le jour importune.
Nous entendons sur l'eau marcher le clair de lune;
Le silence futur des nuits, nous l'entendons
Qui s'épanouira, frissonnant, dans l'espace...
Un seul geste d'appel suffit, ou d'abandon.
Parle.

    Mithral se tait. Les voix, encor plus basses :

— L'aveu du frère au frère ou du frère à la sœur
Fût-il triste, fût-il coupable, a la douceur
D'un remords qui sourit et ne veut pas qu'on l'aime...

Ah ! par pitié pour nous, par pitié pour toi-même,
Parle.

        Tels ces troublants courtiers du paradis
Lui vantaient leurs vertus, leur verbe, leur crédit,
Leur âme; cependant que Mithral, en prison
Dans la foule, écartait, sourdement irrité,
Ces rhéteurs charitables de l'éternité
Et cherchait du regard leur maître à l'horizon.

CHANT V

LES PORTEURS DE LUMIÈRE

Mithral, environné des quêteurs de prières,
Les repousse du coude et de l'épaule :
                     — Arrière !
J'irai vers Dieu tout seul, appuyé sur ma foi.

L'Éden entier s'obstine à lui plaire à la fois.
Mithral, impatient, soupèse son bâton,
Quand devant lui se dresse un très vieux saint breton
Qui le contemple avec des yeux que la douleur
A noyés de brouillard et changés de couleur,
Des yeux usés d'avoir trop vu, des yeux lointains,
Couverts de cendre et d'eau comme des feux éteints.

— Mithral, mon fils aimé ! dit-il. Sa main fanée
Soulève un livre antique et tombe ruinée,
Et l'homme reconnaît le Livre légendaire
Où sa voix commença d'épeler le mystère
Et sa colère fond en tristesse infinie.

— Mithral, dit une voix d'enfant, tu me renies?...
Et Mithral, qui se tourne, entrevoit l'œil ardent
D'un roi que sa jeunesse avait pour confident,
Lorsque, dans son premier éveil sentimental,
Elle errait à pas lents sur les grèves natales
Et croyait voir, au large, au fond des nuits sereines,
Neptune caressant féconder les sirènes.
— Souviens-toi du passé miraculeux d'Armor,
Et des dragons, et des grands saints venus d'Irlande,
Et de ta mère en deuil à genoux sur la lande,
Près du champ pâle, enclos d'ajoncs, où sont tes morts.

A ces mots, une femme, à l'ombre d'une yeuse,
Passe, indéfinissablement mystérieuse,
Et s'efface comme un fantôme, un doigt aux lèvres,
Et Mithral, qui la suit d'un long regard de fièvre,
Ébauche de ses mains un appel dans l'espace
Et les unit dans le grand geste qui rend grâce.
— Mithral ! appelle, au loin, dans la foule, un roi mage
Au turban bleu, cuirassé d'or et de brocart.
Un reproche attendri monte dans son regard
Des profondeurs de l'âme où dorment tant d'images.
— Mithral, Mithral !

             Son souffle est si bas qu'on ne sait
Si c'est dans le présent qu'il pleure ou le passé :
— Mithral, Mithral !
             Partout, avec la voix sans nom

Qui lève sous nos pas quand nous nous promenons,
Autour du pèlerin égaré dans leur troupe,
S'empressent, inquiets, les saints intercesseurs,
Et leur verbe subtil et triste a la douceur
D'une fuite de sable entre deux mains en coupe.

— C'est donc vous, dit Mithral, mes frères et mes juges,
Près de qui mon enfance aimait chercher refuge,
Lorsque au soir, égaré sur la grève irisée,
Mon rêve avec la lune errait dans la rosée.
C'est bien vous dont la voix, me rassurant tout bas,
Au sentier du devoir guida mes premiers pas.
Pour éveiller ma foi qui dormait dans les limbes,
Vous miriez dans mes yeux vos fronts fleuris d'un nimbe.
La vierge ensorcelée attendait son messie;
Dans les jardins du songe et de la poésie,
Les saints, en souriant, l'ont éveillée à Dieu.

Éden des premiers jours, décor prestigieux !
O souvenir ! quel timbre ardent et mensonger
Ta voix sait prendre aux jours d'angoisse ou de danger,
Pour chanter l'autrefois dont tu te glorifies !
De quel accent profond tu mens à ceux qui t'aiment,
Quand tu reviens de loin sur les pas de la vie,
Comme un air obstiné qui retourne à son thème!

Ainsi Mithral cédait au passé. C'était l'heure
Où les troncs craquelants se pâment de chaleur.

Les sapins en extase aux crevasses voisines,
Pleuraient tout bas leurs grandes larmes de résine,
Comme un peuple à genoux de vieillards en prière
Faisant acte d'amour dans leur dieu, la lumière;
Et Mithral, dont le souffle aspirait leur encens,
Se sentit défaillir comme un convalescent
Dont l'âme s'abandonne au charme qui l'entoure.
Sa pensée assoupie égarait ses contours.
Il lui sembla, penché de loin sur son reflet,
Se voir dans le cristal du temps qui s'écoulait :
Son destin en suspens hésitait dans l'attente.
Comme une image trouble au fil de l'eau flottante
Qui s'enfuit et persiste ensemble; et, dans leur chute,
Il suivait du regard les fuyantes minutes,
Comme on suit, à travers le brouillard de l'averse,
L'ondulante pâleur de l'eau, toujours diverse,
Toujours la même. Et sa vigueur s'alanguissait
Dans ce besoin d'oubli qui suit les grands excès
Du rêve, les espoirs qui n'ont pas abouti,
L'effort qu'on voulait grand et qu'on connaît petit.

— Mithral! — Et l'homme, à bout, se dresse, les yeux clos.
Son cœur trouble, enfumé des parfums de jadis,
Faiblit; sa volonté se meurt dans un sanglot.
Les saints, joyeux, se font mystère et s'applaudissent :
— Victoire ! il est à nous, vaincu par sa jeunesse !
Et sur leurs fronts fanés leurs nimbes qui renaissent
Semblent des archipels d'étoiles qui s'allument.

— Viens, renonce à l'orgueil chagrin qui te consume,
Viens, nous te conduirons, impatient de gloire,
A la source mystique où les anges vont boire.

Et, sans force, ébloui par la splendeur des choses,
Escorté de fantômes blêmes qui l'acclament,
L'homme, à bout, s'abandonne, oublieux de son âme,
Comme un triomphateur enchaîné par des roses.

Mais voici que l'écho d'un pas retentissant
Donne un sursaut de fièvre au rythme de son sang.
Un bruit de voix approche où des clameurs se mêlent,
Et Mithral, éveillé de son rêve languide,
S'arrête et se retourne et résiste à ses guides,
Sur la route incroyable où marchent les fidèles.
Sous un voile opalin de sables qui poudroient,
Nominoé paraît, non loin, sur la falaise;
Entouré d'un troupeau d'apôtres qu'il rudoie,
Cheveux au vent, la masse au poing, souillé de glaise
Et de résine, il semble un Hercule ascétique
Tenant tête dans l'ombre à des bêtes mystiques.
Mithral qui se débat là-bas, sous la pinède,
Lui fait signe en pleurant de venir à son aide.

— Père, dit-il, vois-tu, de l'abîme, accourir
Les démons d'autrefois refusant de mourir;
Hardis, nombreux, pressés comme des flots qui montent,
J'ai beau fermer les yeux, mon âme en sait le compte.

Dans le lointain des jours, j'entends, bien qu'ils se taisent,
J'entends gronder en moi leurs passions mauvaises.
Leurs voix pâles, leurs voix qui parlent sans vocables,
Emplissent mon cœur las d'un trouble inexplicable.
Mon désir échappé s'enfuit dans leur cortège...
De grâce, étends sur moi le geste qui protège.

Mais les saints qui rôdaient, obscurs, à l'horizon,
Comme un songe insalubre autour de la raison,
Se rapprochent, pareils aux spectres des péchés
Qui reviennent s'offrir aux cœurs découragés
Et qui parlent avec des voix qu'on croyait mortes.
Et Mithral, qui les sent venir, comme on perçoit
Dans l'ombre un ennemi debout derrière soi,
Prend peur de son passé qui vient lui faire escorte,
Fantôme de lui-même errant dans la mi-teinte;
Et l'émoi de son cœur suffit pour qu'il connaisse
La présence des dieux, erreur de sa jeunesse,
Et qu'il entende en lui bourdonner leurs complaintes.

Le vieux maître, à grands pas, accourt, et d'un tel air
S'avance, un tel éclat exalte son visage,
Que le troupeau sacré se range à son passage
Ou fuit. Comme un conseil de dieux crépusculaires,
Les chefs, prudents, groupés sous les pins, à l'écart,
Muets réprobateurs, le suivent du regard;
Les plus hardis font cercle autour du vieil ascète.

— Arrière, séducteurs ! Je connais qui vous êtes,
Leur dit-il. Trop longtemps, pâle vierge abusée,
Ma foi, parmi ses sœurs, sous vos mains imposées,
Grandit dans la mi-fièvre et la mi-somnolence
D'une âme qui se voue au culte du silence.
Quand je vous retrouvai plus tard en Orient,
Dans la communauté dont je fus patriarche,
Votre appétit d'intrigue effrayait les croyants,
Vos ruses entravaient l'esprit humain en marche.
Défigurant la face auguste du devoir,
Vous témoigniez au mal d'étranges complaisances.
Le bruit de vos procès étourdissait Byzance.
En liaison occulte avec les anges noirs,
Vous aviez sans pudeur usurpé le visage
De Celui dont la gloire épouvante les sages.
Je vous ai vus, suivis d'un cortège de rois,
Enivrés de parfums, danser devant la croix.
Vous mettiez à l'encan la loi de l'Éternel,
Et la rose mystique éclose à vos autels
Exhalait un parfum qu'elle ne doit qu'à Lui.
J'ai dû chasser au vent vos ombres dans la nuit,
Vous m'êtes devenus des démons étrangers.

Alors, de toutes parts, des voix mortes s'élèvent :
— Le nom de l'idéal n'a pas droit de changer !
— L'homme n'a pas le droit de renier ses rêves!
— Depuis qu'un jour (maudit soit-il dans le passé !)
L'orgueil de la lumière épouvanta Dieu même,

Le Maître, par prudence, aime les yeux baissés :
Un regard trop hautain a l'accent d'un blasphème.
— L'homme ne peut tout seul aller à Dieu sans crime
Car nous avons reçu de Lui, par privilège,
D'être les conducteurs attitrés de l'abîme.
— Sacrilège ! Il prétend marcher seul ! Sacrilège !

Et l'ascète : Debout ! Mithral. J'ai découvert
Le reflet ruiné d'un céleste univers.
Viens. Le regard de Dieu qui s'en est retiré
Dans l'antique autrefois l'a sans doute éclairé.

Mais, grondant de douleur ou pleurant de tendresse,
Autour des pèlerins les fantômes s'empressent
Et leur troupeau confus grossit dans la pénombre.

Tel, dans un sombre chant de l'antique épopée,
Ulysse, au bord du Styx, assiégé par les Ombres,
Dut écarter l'essaim des morts de son épée,
Tel Mithral, comme Ulysse errant et légendaire,
Comme lui prisonnier au pays du mystère,
Assiégé par les saints et las de leur poursuite,
D'un bâton indigné mit les spectres en fuite.
— Arrière ! mendiants divins, ombres avides !

Bien que l'arme en tombant n'atteignît que le vide,
Il suffit : brusquement, la phalange sacrée
Devant les pèlerins s'ouvrit, désespérée.

Mithral, se retournant, vit ces dieux incertains
Achever sous ses yeux leur étrange destin.
On eût dit que, devant son regard lumineux,
Les liens de leur être échappaient à leurs nœuds
Et que leurs éléments se détachaient d'eux-mêmes.
Le foyer trop voisin d'une âme trop intense
Comme un astre invisible attirait leur substance,
Et leur souffle affranchi cherchait l'essor suprême.
Comme s'ils travaillaient en secret pour autrui,
Leurs sens, obscurément libérés de leur chair,
Obéissaient de loin à des voix étrangères.
Le rythme de leur vie intime était détruit.
Chacun sentait son nom, sa fierté, sa vigueur,
Le mot qu'il prononçait, l'effort qu'il croyait sien,
L'abandonner pour suivre un maître plus ancien,
Et jusqu'à ses désirs transposés dans son cœur.
L'être fondait dans l'air subtil, comme un fantôme
Dont la lumière étonne et dissout les atomes.
Ses gestes lui semblaient d'un autre; sur son corps
Dont il regardait fuir les cendres dispersées,
Il écoutait de haut bourdonner ses pensées;
Et seule, entre tous ces débris en désaccord
Dont elle s'efforçait en vain de retenir
La poussière vivante aux doigts du souvenir,
Son âme lui restait fidèle, et s'affligeait
Comme un roi qui n'a plus que des morts pour sujets.

Les plus sages, sitôt reniés par l'esprit,

Consentirent sans lutte à l'oubli nécessaire
Et, devenus couleur d'abîme, s'effacèrent
Sans un geste, dans l'ombre humide, et sans un cri.
D'autres, férus d'espoir, ardents, pleins de clameurs,
Groupés selon le rite autour des dignitaires,
Derniers astres éteints dans le ciel du mystère,
Moururent longuement comme des sons qui meurent.
Seuls, les plus lumineux, arrêtés à distance,
Gardèrent dans le vague un semblant d'existence.
Leur amour fraternel baignait d'un jour laiteux
Les adeptes mineurs qui flottaient autour d'eux
En extase; et leur teint exalté trahissait
L'orgueil de la fatigue et l'éclat du succès,
Et leurs manteaux d'azur, balancés par le vent,
Fumaient comme de grands encensoirs tout vivants.

Sans donner un regard au passé qui succombe,
L'ascète, aisé vainqueur du peuple d'outre tombe,
S'avance, glorieux comme un couchant d'automne.
Mithral, qui se sent triste et seul, et s'en étonne,
S'attarde, et rejoignant l'Ancien sur le sentier,
Dans un geste où l'oubli se mêle à la pitié
Demande à Dieu tout bas par quel vengeur secret
L'autel de la victoire est fleuri de regrets.

CHANT VI

L'ÉTOILE

Ainsi, poussés vers Dieu, les pèlerins s'en vont,
Côte à côte, à pas lents, dans l'avenir profond,
Vers l'étoile qui brille, incomparable, à l'est,
Comme une perle blonde à l'horizon céleste.
La terre a des frissons lumineux et tressaille,
Des effluves d'or roux montent dans les broussailles,
Et sur le ciel tragique et balafré d'éclairs,
S'allument vaguement des fleurs crépusculaires.
Mithral s'arrête.
      — Écoute, écoute ! Entends-tu pas
Sonner au fond du soir une cloche divine
Qui pleure, étrangement pathétique, là-bas,
Là-bas, si bas qu'il faut que l'âme la devine ?

Tout geste est en suspens. Toutes voix se sont tues.
Le silence et la flamme enivrent l'étendue.
Seule vivante et seule active, la lumière,
Comme un encens doré monte dans les bruyères.
Les rochers sont émus et leurs flancs se renvoient

Des lueurs de désir et des ondes de joie.
L'ombre même rayonne et luit; un dieu va naître.
Mithral crie, et soudain tremble de tout son être :
A l'horizon du cœur, mystique souveraine,
L'étoile qu'il poursuit a pris la forme humaine.

Dans une vapeur blonde et splendide, où se lève
Un ciel bleu pâle, bleu très pâle, bleu de rêve,
Une blancheur se tient debout comme une flamme.
Doux fantôme de femme ombré d'un reflet d'âme,
C'est la Vierge, à la fois réelle et légendaire.
Elle a le double attrait des pleurs et du mystère.
Comme un halo d'or trouble embrume un paysage,
La douleur lumineuse estompe son visage
Et s'avive ou se fond en sourire, suivant
Le caprice amoureux de la flamme et du vent.
Sa robe a la couleur des montagnes lointaines.
Fleuris de roses d'or qui parfument la nue,
Ses pieds clairs semblent deux blancs cailloux de fontaine.
Sa tendresse a pleuré des larmes inconnues
De Dieu même. Son verbe a l'accent plein de grâce
D'un écho bienveillant qui répond à voix basse.
Son geste n'est puissant que dans son infortune;
Mais que sont beaux ses yeux à conter leurs épreuves !
Entre ses doigts légers, baisés du clair de lune,
L'éternité s'écoule avec le bruit d'un fleuve.
Elle est reine et l'ignore : elle souffre et regarde,
C'est tout. Mais son regard est une sauvegarde.

Mystique et son image exquise et puérile
Apparaît dans l'écume aux marins en péril
Comme un phare céleste où monte la prière.
L'homme lit sur ses traits que l'amour magnifie
Les pourquois d'un printemps qui ne sait pas la **vie.**
Rayon d'amour vêtu d'un rayon de lumière,
Elle a l'accent lointain et le lointain sourire
D'une âme qui ne sait qu'aimer et que souffrir;
Aimer souffrir, et rien de plus, c'est Notre-Dame;
C'est elle, inconnaissable encor que si connue,
Qui se penche sur nous, maternelle ingénue,
Mystère de douleur en marge du grand drame;
C'est le rêve innocent dont le ciel s'est épris,
L'éternel féminin qui souffre et qui sourit.

Un glacis de chaleur estompe au loin les choses.
Nominoé, les bras croisés sur la poitrine,
Voit s'animer la fleur céleste à peine éclose;
Le mépris de la femme élargit sa narine.
Mithral, plus tendre, ému du respect que ressent
Pour la vierge idéale un cœur d'adolescent,
Comme un prêtre oublieux qu'un beau démon possède,
Regrette sa faiblesse à l'instant qu'il y cède
Et veut fuir et s'arrête et d'un geste attendri
Tend les bras vers l'idole et l'adore en esprit.

— Un seul Dieu, l'Éternel, l'Unique, adoreras,
Dit l'ascète.

    Et Mithral, laissant tomber ses **bras,**
S'irrite de sentir, en son impatience,
Un frisson de remords à fleur de conscience.

— Hélas ! que l'Éternel est décevant, mon père !
Si loin, il est si loin que le désir se lasse
De battre sans espoir l'infatigable espace,
Et le rêve renonce et la foi désespère !
Si loin, il est si loin, l'Éternel, si secret,
Si vieux qu'il a perdu sa gloire et qu'on dirait
Une erreur qui s'attriste et s'isole du monde !
L'Éphémère est si proche, il est si doux parfois,
Son rêve est si changeant, sa grâce est si féconde !
Tant de soirs merveilleux sont tombés de ses doigts !
Tant de vivants frissons d'extase ont irisé
L'écume du désir qui fond sous son baiser !
Tant d'oublis inconnus pleurent dans son silence !
Il a dans son sourire tant de ressemblance
Avec les souvenirs des attristés qui sentent
Courir leurs jours comme les vagues blanchissantes...
Cendre de l'Éphémère où la pitié fleurit,
Frissons d'écume, échos déjà morts qu'on écoute.
Feuillages rougissants qui tombez pour jamais,
Colonnes de poussière en marche sur les routes,
Je me reflète en vous et je m'y reconnais !
Laisse, mon père, laisse, oh ! laisse-moi, de grâce,
Chérir en sa splendeur l'Éphémère qui passe,
Et s'il n'est rien de plus qu'un éclair dans la nuit,

Qu'il sache que je l'aime en passant comme lui!

Alors, comme une pâle et dolente réplique,
Un bruit de voix monta dans l'air mélancolique,
Le sol blême, engraissé de mystiques fumures,
Fit germer des moissons de pleurs et de murmures.
L'Orient magnétique, au loin, prit un éclat
Splendide, et l'horizon céleste se peupla
De fantômes sans nombre, inquiets et confus,
Présents et pressentis longtemps, sans être vus,
Comme un soir clair peuplé d'étoiles qui vont naître.
Ils sortaient du mystère, imprécis et pressés,
Comme les souvenirs trop lointains d'un passé
Que la mémoire trouble hésite à reconnaître.
C'étaient tous les instants heureux de l'Éphémère
Où la vie indulgente et l'homme s'entr'aimèrent
Et dont la gloire morte éblouit l'autrefois;
Tous les dogmes du cœur délaissés par la foi,
Toutes les floraisons impossibles du rêve,
Tous les tristes et beaux mensonges qui vécurent
Le temps de regretter de rentrer dans l'obscur,
Tous les espoirs sans but, tous les projets sans sève,
Tout ce qu'ensevelit la cendre du regret,
Tout l'Éphémère aimé qui fut un jour sublime,
C'était tout le passé qui sortait de l'abîme
Comme un soleil couché qui se relèverait.

L'ombre des disparus cherchait les survivants.

L'antique renouveau, vieux comme l'univers,
Semblait, dans sa pitié, promettre à ses enfants
Un bonheur agrandi de tous les maux soufferts.
Des voix dont le vent d'est apportait des lambeaux,
Parlaient, d'un timbre à peine humain, et pourtant beau,
Comme un fleuve qui chante au loin, si frais d'accent
Que notre verbe impur ne peut le définir,
Un fleuve, au loin, qui chante et passe, en ne laissant
Qu'un bourdon de cascade au fond du souvenir.
Les mots évanouis, plus rêvés qu'entendus,
Dans un accord mystique unis sans se confondre,
Semblaient se pénétrer au lieu de se répondre.
Comme on retrouve en songe un air longtemps perdu
Que l'on portait en soi caché sans le savoir,
Mithral croyait ouïr chanter en sa mémoire
Ce langage secret qu'il avait dû connaître
En un monde oublié, jadis, avant de naître.

— Salut ! dit-il, troublants témoins de l'autrefois,
Images de moi-même un instant retrouvées,
Je vous aime tout bas et vous garde ma foi
Comme au jour bienheureux où je vous ai rêvées !
Mais l'ascète s'indigne et se dresse irrité
Devant ce défaillant chercheur d'éternité :

— Tais-toi, dit-il avec douleur, tais-toi! Que sert
D'opposer les soupirs au devoir nécessaire ?
Comme un héros enfant que Dieu presse tout bas,

Sur le seuil de la gloire hésite à faire un pas,
Tu te tiens haletant au bord de ta pensée :
Pour une larme au loin qu'une femme a versée
Tu t'arrêtes sans force à la porte des cieux !
Un sourire de vierge a suffi; tu délires,
Mithral : tu t'es laissé distraire de ton Dieu !
Ne tente pas le sort si tu te sens faiblir :
Fuis ce morne royaume insalubre, où ne croissent
Que le regret stérile et l'infertile angoisse,
Où le rythme affolé des jours et des saisons
Enfièvre la nature et trahit la raison;
Chasse le désir fou qui bourdonne à tes tempes,
Reviens sur tes regrets, marche sur tes blasphèmes,
Écrase du talon les vérités qui rampent,
Et par pitié pour Dieu, souviens-toi de toi-même !
Viens.

    Mithral suppliant, sans force, irrésolu,
S'arrête et veut parler et pleure et ne sait plus.
— Suis ton désir, reprend avec mélancolie
L'ascète : il t'instruira. Va donc, suis ta folie,
Mon fils. Mais n'attends pas que j'aille, à ton exemple,
Suspendre mon offrande aux murs d'un si vieux temple.
Quand tu regarderas vers des cimes plus hautes
Et verras le néant de ce qui t'enivrait,
Alors nous reprendrons notre œuvre, côte à côte,
Sur la route éternelle où passent les regrets.

Et Mithral, seul, du pas chancelant d'un banni,

S'éloigne, le front lourd, accablé d'infini,
Vers la Vierge qui brille au loin. Mais, à mesure
Qu'il marche, elle s'efface et se fond dans l'azur
Comme un beau souvenir qui retourne à l'oubli.
A chaque effort qu'il tente, il voit avec surprise
Qu'elle tremble et palpite au vent, et s'affaiblit
Comme un jet d'eau souffrant torturé par la brise.
Son corps, subtilisé par la foi, s'atténue
Sous le regard, jusqu'à se fondre dans la nue.
Sa forme, pâle à l'ombre, ombre dans la pâleur,
Transparaît à travers les formes plus grossières
Comme un rayon d'or fauve où vibrent des poussières,
Et ses yeux dont la grâce efface la couleur
Ont le charme attristé d'un miracle qui fuit.
En longs crêpes de deuil, ses voiles l'environnent;
Sa robe se confond avec celle des nuits;
L'oiseau surnaturel assis sur sa couronne
Déjà dans l'invisible a pris son envolée.

— Non, ne crains rien, cria Mithral, Immaculée !
Mystique étoile éclose à l'extrême horizon
Du possible, où le rêve éblouit la raison,
Ce n'est pas ton secret que je viens conquérir :
Rouvre ton cœur sanglant, triste rose enflammée,
Sur l'automne du ciel achève de fleurir
Et reprends ta splendeur que l'homme a tant aimée !

Mais l'idole en déclin dans la brume des âmes,

A chaque pas qu'il fait perd un peu de sa flamme,
Comme un astre qui fuit quand le soleil se lève.
Et Mithral ne sait pas que c'est lui qui l'achève :
L'étoile, s'il approche, expire, plus tremblante;
S'il s'arrête, elle est fixe, et grandit s'il recule;
Et lorsqu'il ralentit sa marche déjà lente,
Elle meurt longuement comme un beau crépuscule.
Ainsi la foi s'éteint par phases alternées :
C'est la loi de l'amour qu'il s'immole lui-même
Lorsqu'il veut de trop près admirer ce qu'il aime.

Comme s'il pressentait le cours des destinées,
Mithral qui s'encourage à poursuivre, et ne l'ose,
Interroge un instant le visage des choses.

C'était encor la nuit, avant que disparussent
Véga, roi de l'espace, et son frère Arcturus;
Mais l'aube impatiente, en attendant son heure,
Faisait déjà pâlir les étoiles mineures.
Trempé de brume, un grand bouquet de blonds bouleaux
Tordait sa chevelure en se mirant sur l'eau,
Comme s'il s'éveillait d'un songe, et les grisards
Découpaient sur les prés des figures bizarres
Où l'homme croyait voir, en chiffres incertains,
S'ébaucher sous ses yeux les traits de son destin.
Deux sentiers se joignaient comme des mains qui prient.
Dans le verger divin, les étoiles flétries
Tombaient comme une lente averse de corolles,

Et des vagues de flamme et d'ombre entrecoupées
Montaient vers Andromède et vers Cassiopée.
Étourdi de l'écho de ses propres paroles,
Mithral, près d'avancer, s'arrête une seconde.
Une aurore mystique éblouit la nuit blonde.
Plus pâle que la pâle image de Phœbé
Qui s'efface dans l'aube et dans le souvenir,
La Vierge laisse encor, comme à regret, tomber
D'un doigt évanoui le geste de bénir;
Mithral ébauche à peine un pas dans la poussière
Qu'elle a déjà repris sa forme originelle,
Blanc nuage en suspens sur le doute éternel,
Et fondu dans l'abîme en brouillard de lumière.

CHANT VII

LES ÉMIGRANTS

Témoin épouvanté des fureurs du destin,
Mithral court, éperdu, sur la lande et s'égare.
L'excès de sa douleur éblouit son regard.
Il va, vient, tremble, hésite et s'arrête, incertain;
Il appelle son maître; il s'échappe; il trébuche
Dans un sol ténébreux plein de haine et d'embûches.
Assis sur ses talons, la nuque entre ses paumes,
D'un coup d'œil misérable il parcourt son royaume.
Déjà, dans le ciel mort plaqué de lèpres sombres.
Le soleil a croulé sous la nue en décombres.
Comme de grands lambeaux à la nuit arrachés,
Des nuages de cendre accablent les rochers,
Au nord. Le crépuscule, errant dans les airelles,
Y fait croître et mûrir des fruits surnaturels,
Et les couronnes d'ombre au front des monts posées
Fondent au clair de lune en nappes de rosée.

— Encore un soir pressé de descendre à l'abîme !
On dirait que les jours eux-mêmes, ruinés,
Dans l'empire de Dieu sont las d'être sublimes :
Tristes dès leur aurore et vieux à peines nés,
Fatigués d'exister comme ce qu'ils éclairent,
Toute leur âme flambe en un jet d'incendie,
Et leur beauté funèbre expire, appesantie,
Dans une interminable horreur crépusculaire !

L'homme entendit alors, au loin, dans la jonchaie,
Des bruits de chants, mêlés de pas, qui s'approchaient,
Par les prés nébuleux, étoilés d'asphodèles;
Des chœurs de pèlerins en marche et de fidèles,
Où palpitaient, parmi des rythmes de victoire,
Des pleurs et des lambeaux d'accents contradictoires,
Comme si, par instants, une terreur mystique
Eût fait, devant le Verbe, hésiter les cantiques.
Puis les derniers refrains dispersés s'éteignirent
Comme les voix des morts au fond du souvenir;
Leur écho frissonnant mourut dans un murmure,
Et Mithral entrevit à travers les ramures,
Sous un brouillard lilas trempé d'ombre et de lune,
Oasis de clarté dans le désert des nuits,
Des voyageurs perdus et poudreux comme lui,
Lents, las, lourds, accablés, beaux dans leur infortune,
Mais noirs, flétris, sans nimbe au front, sans diadème.

Quels sont ces émigrants célestes en voyage ?

On croirait voir en fuite un peuple d'anathèmes,
Dit-il, en les suivant des yeux, sous les feuillages.

Or, c'était un convoi de croyants glorieux
Qui venaient de la vie et s'en allaient à Dieu.
La mort, qui sait sculpter des masques si puissants,
Semblait avoir pétri ces nocturnes passants
D'une griffe plus âpre encor que de coutume,
Tant leurs traits, soulignés d'un accent d'amertume,
Dont une fièvre sainte avivait la pâleur,
Resplendissaient, ce soir, d'un espoir infini.
Tous les élus d'un siècle étaient là réunis.
Les chefs, marqués au front du sceau des Sept-Douleurs,
Fiers d'avoir, jour par jour, affronté l'existence,
Dans la vie éternelle encore nouveau-nés,
Interrogeaient du doigt des pas abandonnés.
Des moines aux yeux clos, creusés d'ombres intenses,
Souriaient en marchant du sourire brisé
Qu'apportent à leur Dieu les saints martyrisés.
Derrière des rêveurs d'un si beau nonchaloir
Qu'ils semblaient à regret s'avancer vers la gloire,
Des lépreux en extase, heureux d'avoir souffert,
S'entr'admiraient de l'air dont les anges s'admirent.
Des gueux pleuraient de joie en contant leur calvaire.
Des enfants se hâtaient, lourds encor de dormir;
Seul, dernier de leur bande, un petit chancelait,
En délire, la bouche encor blanche de lait.
Des vieux se soutenaient l'un l'autre; et des blessés

Couraient en s'affligeant de se voir devancés.
Un grand missionnaire en haillons, crins épars,
Poings tendus, escorté de noirs catéchumènes,
Semblait l'exécuteur d'une idole barbare
Entraînant au bûcher ses victimes humaines.
Nul ne manquait de ceux sur qui s'appesantissent,
Pour prix de leur effort, la haine et l'injustice.
Ces inspirés d'en haut, les fous, et ces maudits
Qui font de leur pensée un secret paradis
Désert, et que l'orgueil dévastateur amène
Au mépris désolé des passions humaines,
Et ces blasés d'amour avant la jouissance
Chez qui le sens du rêve absorbe tous les sens,
Tous étaient là, tous beaux, tous grands, tous misérables.
Et des femmes suivaient, des femmes innombrables,
De celles que le monde admire sans les voir,
Et qui tout bas, dans l'ombre, à peine remarquées,
Enseignant à sourire aux lèvres du devoir,
Portent au dernier juge une ombre fatiguée,
Et d'autres dont la voix limpide avait l'accent
Des clarines, le soir, dans le brouillard naissant :
Beaux anges mi-voilés dans un rayon de grâce,
Couleur de brume rose, au fond, dans la pénombre,
Elles passaient sans bruit comme les jours qui passent.
Puis des groupes obscurs, striés de taches sombres,
Des vieilles aux regards sans flamme, aux faces blêmes,
Et ces femmes sans nom, sans visage, qu'on voit
Errer, comme un symbole, en noir, dans les convois,

Si pareilles qu'an croit que c'est toujours la même,
Serrant sur leur poitrine, entre leurs mains tremblantes,
La cendre de leur deuil encor toute brûlante.
Et tous, rois, mendiants, héros, visionnaires,
Moissonneurs effarés de blés imaginaires,
Discoureurs à leur ombre et chercheurs d'absolu,
Tous étaient, par miracle, assurés du salut.
Et c'était une eau-forte âprement burinée,
Farouche vision d'une âme hallucinée.

Sur un tertre, à l'écart, où trois pins ébranchés
Saignaient, rouges et nus comme des écorchés,
Mithral, pâli d'horreur et d'envie à la fois,
D'un regard incrédule admire ce convoi
D'humanité sinistre en marche vers la gloire.
L'image lui paraît trop belle pour y croire.
— C'est un songe, dit-il, un beau songe étonnant
Qui sur mon cœur chagrin se pose en bourdonnant;
Si, d'un geste amoureux, je tente d'y toucher,
Le miracle surpris s'envole effarouché.

Pourtant, il sort enfin de sa cache. Il aborde
Un moine ayant ceinture et sandales de corde,
Une plaque de cendre au crâne pour tonsure,
Les mains, les pieds, le flanc irrités de blessures,
Et, dans son regard pâle et jusqu'en son sourire,
La blessure d'orgueil, la plus lente à guérir.

— Frère, dans le sentier perfide où tu t'enfonces,
Le manteau de la lune est déchiré des ronces,
Dit Mithral. Où vas-tu, dans l'impossible, à l'heure
Où le flair des démons évente nos douleurs ?
Où vont, blêmes dans l'ombre et noirs dans l'éclaircie,
Ces nocturnes forçats à face de messies ?
Qui sont-ils ? Quel es-tu ? Qu'attendez-vous de Dieu ?

Le moine longuement l'interroge des yeux,
Blanc d'angoisse, et soudain : Toi-même, quel es-tu
Pour ignorer la voie où marche la vertu ?
Connais-tu point la route où grandit ton enfance ?
Où l'Église et Jésus lui-même ont habité ?
Viens. Guidés par l'Esprit, les anciens t'y devancent
Et la suite des jours y joint l'éternité.

— Sais-tu pas qui je suis ?

                    — Qu'importe ? Fol ou sage
Dieu saura bien te mettre un nom sur le visage :
Il n'est plus de fraudeurs, mon frère, en ce pays.
Viens, te dis-je.

              Et Mithral, bienheureux, obéit.

Mais à peine a-t-il pris son rang dans le cortège
Que son voisin ressent un frisson sacrilège,
Et, par le seul contact avec cet étranger

Mécréant, sans un mot, sans un geste échangés,
Soudain la foule a froid, sans cause, et les élus
Se prennent, quand il passe, à douter du salut.
La peur ouvre son aile et fait de l'ombre au loin
Sur l'abîme; elle monte à l'horizon des âmes,
Et couvre tout, et le silence est comme un blâme
De l'Éternel dont l'univers serait témoin.
Tournant leur front tremblant, les justes qu'elle opprime
Se voient en souvenir égarés dans la vie,
Suivis de leurs méfaits que la crainte amplifie,
Pareils à des démons aboyés par leurs crimes.
Aussi, comme ils sont las, déjà, comme ils s'attardent,
Les grands aventuriers mystiques d'avant-garde,
Si fiers, à leur départ, d'affronter la justice !
Comme ils comptent leurs pas dans l'ombre et s'alentissent,
Les preux qui tout à l'heure, à l'appel des prophètes,
Sous les sapins obscurs comme une cathédrale,
Gravissaient en chantant les sentiers en spirales !
Les voici maintenant, inquiets, qui s'arrêtent
Sur la route essoufflée où la poussière accourt.
Perdus à mi-chemin de la crainte à l'amour,
Ceux qui naguère à Dieu couraient d'un si beau zèle
Font halte. Éros est mort ! Psyché n'a plus ses ailes !

Mithral passe, ignorant du mystère qu'il porte,
Et les plus confiants sentent sur son passage
Se réveiller tout bas des peurs qu'ils croyaient mortes.
Les vérités d'hier ont changé de visage.

L'approche d'un malheur, comme une fièvre sourde,
Fait l'heure plus tragique et l'attente plus lourde.
Dans le ciel raviné de nébuleux sillons,
Le vent s'enfuit, grondant des imprécations.
D'impérieux éclairs, de seconde en seconde
Coupés par des repos plus troublants et plus courts,
Semblent scander les cris d'un appel au secours,
Comme de grands signaux d'angoisse, entre deux mondes.
Mithral enfin arrive au front de la colonne.
Là, surpris d'être seul, il s'arrête à son tour
Et contemple, incertain, les élus qui l'entourent.

Sur des gradins de gazons bleus qui s'échelonnent
Dans le brouillard, la foule, où des torches circulent,
S'assemble où la rosée épand son crépuscule.
Un bois de pourpre sombre étoilé d'yeux d'or rouge
Fait cadre au groupe noir des chefs dont nul ne bouge.
Sous les feuilles d'un tremble où le brouillard habite,
A mi-côte, collier de blancheurs imprécises,
Uni puis dénoué, des vierges sont assises.
Non loin, échevelé, pris de fièvre subite,
Un prêtre pleure au vent des larmes de lumière;
Un nègre au désespoir se tord dans la poussière,
Et Mithral, seul au centre, allonge sous la lune
La frange d'or lilas d'une ombre bleue et brune.
Il garde l'attitude ombrageuse qu'on prête
Aux éprouvés souffrant d'une atteinte secrète,
La noblesse que donne aux âmes averties

Une haute douleur par amour consentie,
Avec le beau sourire indulgent d'un blessé
Dont le mal va s'accroître encore, et qui le sait,
Et cet air d'amitié distante et de dédain
D'un vaincu qui se sent plus grand que son destin.

Un moine, alors, farouche, aux yeux phosphorescents,
Dont les rouges reflets semblent chargés de sang,
S'avance.

    — Un mot, dit-il. Nous t'avons, par pitié,
Comme un chardon poudreux cueilli sur le sentier
Et l'odeur de ton âme empeste notre gerbe !
Va-t'en ! Ta seule approche a détourné le Verbe!
Déjà, sous ta secrète et perfide influence,
La couleur du mystère a changé de nuance :
La foi nous fuit; chacun croit voir, à ton approche,
Ses meilleurs souvenirs prendre un air de reproche.
Ta présence corrompt les cœurs; nous cheminons
Comme un peuple insensé qui ne sait plus son nom !
Ton geste maléfique engourdit nos prières,
L'empreinte de ton pied fait peur à la poussière
Et le bruit de ton pas sonne comme un blasphème !
Va-t-en, voleur de gloire, imposteur, anathème,
Va-t'en, ou j'en appelle à Dieu !

                Mithral, confus,
Tourne la tête et voit dans la combe embrumée,

Innombrables, d'un bout à l'autre de l'armée,
Des bras haineux qui font le geste du refus,
Et, sans un mot, courbant le front, il se soumet.
Comme un héros maudit exilé de la gloire,
Il fuit. On l'aperçoit un instant au sommet
D'un rocher qui se cabre au front d'un promontoire,
Puis, des brouillards en marche ayant croulé sur lui,
Mithral devient brouillard et s'éteint dans la nuit.

CHANT VIII

LE VERBE

Brisé d'âme et de corps, Mithral, le lendemain,
Dans un grand rocher creux, tiède comme une main,
S'éveille. Il se tourmente et s'afflige à voix basse.
L'ombre d'une hirondelle invisible qui passe
L'attire. L'œil distrait, il suit les entrelacs
D'un ciel taché d'ardoise humide et de lilas,
Soupire, et se remet en hâte à la poursuite
Sans fin de l'Éternel au loin toujours en fuite.

Le soir, après un long trajet sous les mélèzes,
Il s'arrête, incertain, au pied d'une falaise
Où des trous soupçonneux s'ouvrent de toutes parts.
Un Christ énorme et nu, sculpté par des barbares,
Roidit dans l'agonie, au flanc de la paroi,
Son corps de craie ardente allongé sur l'azur.
Balafré par la foudre et rongé par l'usure,
Son bras gauche en poussière est tombé de la croix,
Mais sa main est encor clouée à la muraille;

Son ventre caverneux a perdu ses entrailles;
En bas, sous les baisers répétés des fidèles,
Par miracle, ses pieds informes se modèlent,
Et des sources, couleur de rouille, qui ruissellent,
Comme du sang figé coulent de ses aisselles.

Mithral s'approche et voit devant lui, prolongés
Dans l'épaisseur du mur, de lointains corridors
Où des feux en extase entr'ouvrent leurs yeux d'or,
Dans l'ombre. Il croit ouïr, dans un verbe étranger,
Un chœur de voix d'enfants rythmé du chant des cloches.
Il entre. Un bruit de pas s'enfuit à son approche.
Il appelle et l'écho revient seul lui répondre.
Il franchit en courant un vaste péristyle
Désert, où brûle, au centre, une torche inutile.
Il gravit des degrés de sable qui s'effondrent
Sous ses pas; il poursuit à tâtons les détours
D'un cratère où blêmit le fantôme du jour,
Et débouche au milieu d'un temple souterrain.

Dans la magnificence triste d'un décor
Dont la gloire funèbre a des reflets d'airain,
S'ouvre une grotte énorme où l'on discerne encore,
Sous des chaos rocheux que la brume escalade,
D'autres grottes au loin fuyant en enfilade.
A droite, un pied dans l'eau, le flanc dans les ténèbres,
D'athlétiques rochers font saillir leurs vertèbres;

Des couronnes de glace éblouissent leur cime
Et des anneaux de neige encerclent leurs vieux os.
Au centre, un brouillard lourd sort du puits de l'abîme;
L'Esprit Saint a sombré qui flottait sur ses eaux.
A gauche, au fond, depuis mille ans accumulées,
Les ruines du Verbe encombrent les allées,
Et quand le ciel sourit, on voit, par des fissures
Flotter l'ombre d'un ange endormi dans l'azur.

C'est là que sur l'abîme, au bord d'un précipice,
La foule des élus attend l'heure propice
Où Dieu doit devant elle ouvrir l'éternité.
Sûre du dernier juge et de son équité,
L'instant qui va venir l'enfièvre et l'émerveille.
C'est l'heure poétique où les anges s'éveillent
Dans le ciel pâle où les nébuleuses vont naître,
Et l'on entend parfois s'éteindre, longs et doux,
Des lambeaux de leurs chants tombés l'on ne sait d'où.
Comme des serviteurs à la porte du maître,
Au seuil du Roi des rois les justes sont pressés.
Mithral les reconnaît et s'en éloigne : il sait
Qu'il les troubla, la veille, en leur pèlerinage,
Et qu'il les rendit fous par son seul voisinage :
Pour la foi qui pressent l'éternité prochaine,
L'ombre d'un hérétique est encore une gêne !

Des vierges dont l'attente a fané la jeunesse
Mirent dans les ruisseaux leurs fronts qui rajeunissent;

Des captifs, des fiévreux balafrés de jaunisse,
Y cherchent leur passé qu'à peine ils reconnaissent,
Et de crasseux vieillards qu'on eût pris, à leur mine,
Pour d'antiques vainqueurs tombés dans la vermine,
Retrouvent, dans sa force et sa fierté foncières,
Leur âme que le doute avait mise en poussière.
Le bruit mystérieux des heures qui s'écoulent
D'une fièvre croissante exaspère la foule.
Au souvenir fumant des foudres éclatées,
Elle frémit soudain d'extase épouvantée,
Comme un marcheur qui met le pied sur un abîme;
Et parfois, trop subtil pour que les mots l'expriment,
Le sourire que Dieu pose un instant sur nous
Fait naître un abandon si triste, en sa douceur,
Que pleurer est un charme et souffrir même est doux !

Premiers souffles de gloire au front des précurseurs,
Angoisses où l'extase atteint à la démence,
Abîmes de lumière où la foi suspendue
S'éblouit à fixer l'infini qui commence
Et s'éprend de regret pour sa prison perdue,
Volupté de l'attente où les plus forts pâlissent
Devant l'éclat du jour qui lève en leurs prunelles,
Féconds tourments du doute, effrayantes délices,
Êtes-vous un prélude au bonheur éternel ?

Du bonheur ! c'est le cri désespéré que lance
L'humanité qui souffre à Dieu qui fait silence;

C'est le mot accablant qu'on répète à voix basse,
Tant son immensité nous pèse et nous dépasse;
C'est le verbe enchanté qu'on écoute en soi-même
Rire tout seul avec l'accent de ceux qu'on aime;
L'élixir qui soutient les justes défaillants
Dans l'effort incroyable exigé des croyants.
Du bonheur ! c'est le fruit miraculeux, mûri
Dans la pénombre intime aux rayons de l'esprit
Et que la main de l'homme ose à peine saisir !
C'est l'horizon du rêve humain, le lieu sacré
Des âmes qui rayonne au delà du désir,
Dans le monde mystique où nous allons entrer!

Soudain, un chant de cloche éclate, et les fidèles
Se penchent sur l'abîme où palpite un bruit d'ailes.
Sous leur voile de deuil, les prières en marche
Déroulent leur convoi que guide un patriarche,
Lente procession de verbes et d'images
Qui passe, offrant à Dieu ses larmes en hommage,
Et tour à tour, au rythme intermittent des cloches,
S'arrête et se balance ou repart et s'approche.
Au pied d'un promontoire où le vent prend haleine,
L'image d'un héros céleste, encor lointaine,
Paraît, et son profil qui devient familier
Grandit d'une arche à l'autre au pied des noirs piliers.
Ses gestes ont gardé leur douceur coutumière.
Ses mains rouges, autour d'un globe de lumière,

Portent leur plaie antique et mal cicatrisée;
Sur son front épineux la lune s'est posée,
Et l'on dirait qu'il traîne, infirme, à son pied droit,
Comme un boulet mystique, un quartier de sa croix !
Est-ce le Rédempteur du monde, ce fantôme
Boiteux, qui porte un globe en flamme entre ses paumes?
Il lève sur son front ce globe lumineux
Et voici qu'à ce geste, autour de lui, s'embrasent
De grands sapins, trempés de leur miel résineux,
Qui brûlent, tout vivants, d'un jet, jusqu'à la base.

C'est Lui ! mais plus tragique à voir qu'au soir funèbre
Où sa voix appelait en vain dans les ténèbres.
Nu sous un manteau rouge, et si las, si courbé
Qu'à chaque pas qu'il risque on croit qu'il va tomber,
L'effort de son sourire a l'accent d'un reproche.
Les yeux rongés de pleurs, la face effarouchée,
Il fléchit sous le poids de blessures cachées
Et se traîne, en sueur, fiévreux, parmi les roches.
Comme s'il essayait d'oublier ses entraves,
Le voici qui fait halte au bord d'une crevasse.
Les sources de l'abîme ont coulé sur sa face,
La flamme de l'extase a noirci ses yeux caves.
Prisonnier torturé par d'obscures puissances,
Il garde, à l'âge adulte, un air d'adolescence.
Trois cercles lumineux enchaînés par les nombres
Nimbent ses pieds, ses mains, son front, dans la pénombre.

Les larmes de feu noir qui coulent des torchères
Soulignent d'un trait d'or la maigreur de sa chair
Misérable, et son teint trahit par sa pâleur,
Sous les soufflets du vent que sa face a reçus,
La longue intimité du Christ et des douleurs.

Et devant le spectacle odieux de Jésus
Mal éveillé du songe entrepris sur la croix,
Traînant dans l'infini son masque émacié
D'ascète famélique et de supplicié,
Les pèlerins du ciel ont des sueurs d'effroi.
Le Père n'a donc pas pris en pitié son Fils,
Qu'il fait dans l'éternel durer son sacrifice ?
Les portes de l'Éden vont-elles point s'ouvrir ?
S'il faut recommencer, que sert-il de mourir ?
Les uns courent sans but comme des insensés;
D'autres, désabusés du ciel, se laissent choir
D'épouvante, et l'horreur fait claquer leurs mâchoires.
Les chagrins engourdis se réveillent blessés.
Des fiévreux, étendus parmi les goémons,
S'éveillent dans un cri d'angoisse et se soulèvent,
Et contemplent de loin la scène, comme un rêve
Atroce où se complaît l'astuce du démon.
Des femmes font silence en se couvrant les yeux;
Des moines éblouis, aux lueurs des brasiers,
Marchent vers Lui, les bras tendus, extasiés;
Un saint appelle à l'aide, épouvanté de Dieu !

Jésus gravit un bloc énorme qui surplombe,
Et voici qu'une pâle image de colombe,
Dans un brouillard lunaire où des frissons se mêlent,
Comme un oiseau blessé sur son front bat de l'aile.
Il fait signe, et l'écho s'étant tu dans l'espace,
Parle, à voix basse, au bord du gouffre, à voix si basse
Que la chute des mots dans l'ombre fait le bruit
Des pas du clair de lune errant sur la grand route.
L'heure hésite et s'arrête en suspens sur le doute,
Chaque instant écoulé semble un bonheur qui fuit.
Le Maître parle, et parle encor, mais on n'entend
Que la nuit indiscrète interroger le temps.

Les justes que le gouffre empêche d'approcher
S'entassent à la pointe extrême des rochers,
Comme les survivants d'un naufrage éternel.
D'autres font signe au Maître ou l'appellent de loin,
Criant : « Plus haut, Seigneur, plus haut! Je n'entends
[point ! »
Et les monts, secoués par la fièvre, chancellent,
Et la face des eaux pâlit. Au long des murs,
La crinière du vent se tord échevelée;
L'eau craintive soupire au pied des rochers durs;
La neige errante accourt, au loin, dans la vallée,
Et la flamme et le vent semblent pris de démence.
Jésus lève sa main qui porte une ombre immense;
Tout se tait. Il prend souffle et, blanc comme une hostie,
Penche sur les élus sa face appesantie

Et parle; mais dans l'ombre où la foule s'amasse,
Pas un mot ne parvient des leçons qu'il exprime :
Des vagues de silence arrivent des abîmes
Et l'absence du bruit semble élargir l'espace.

Jésus regarde au large, immobile. On dirait
Qu'il écoute tout bas les heures vigilantes
Sonner et nuancer l'éternité trop lente.
Ses yeux dont le regard a l'accent du regret
Semblent suivre un fantôme errant en d'autres mondes.
Il cherche un geste, un signe, un cri qui lui réponde.
Tout se tait. Seul, parfois, s'apaise ou se ranime
Le sanglot d'un torrent prisonnier des abîmes.
Jésus tremble, et l'on voit s'envoler la colombe.
Le feu met, en jetant ses dernières lueurs,
Des clartés de métal sur sa face en sueur.
Il veut parler, il est pris de vertige, il tombe,
Se lève et tombe, et se relève pour tomber.
Les sapins, lourds de cendre, achèvent de flamber,
Des îlots de brouillard flottent dans la pénombre,
Et la nuit couvre tout de son nuage sombre,
Tandis que, sans arrêt, les lointains retentissent
De voix criant : Pitié ! d'échos criant : Justice !
Et que, du gouffre, monte, obstiné, vers Jésus,
Le sanglot des croyants que la mort a déçus.

CHANT IX

LE PRISONNIER

Lorsque le jour au seuil de la grotte paraît,
Si lent qu'il semble au ciel se lever à regret
Dans une mer de brume aux écumes profondes,
Les justes, désolés de l'absence du juge,
Semblent les survivants sans espoir d'un déluge
Éternel. Sur le gouffre où des clartés se fondent,
Un nuage inquiet monte à l'horizon grave;
Un linceul de brouillard descend sur ces épaves
De l'espérance humaine et les ensevelit
Tout bas. Un jour commence. Un jour tombe à l'oubli.
Des groupes de chercheurs ont disparu. Peut-être
Sont-ils, par un détour, arrivés jusqu'au Maître;
Peut-être ont-ils suivi, croyant s'en retourner,
La route sacrilège où marchent les damnés;
Peut-être ont-ils roulé dans l'abîme. Qu'importe?
Si le Verbe a menti, tout en vain : l'âme est morte.
Parfois, pourtant, sur les récifs en archipel,
Des frères se font signe, au loin, et s'entr'appellent

Dans l'ombre. Des blessés se lèvent sur leurs poings.
Du haut d'un promontoire auréolé d'aurore,
Un prophète inconnu parle, qu'on ne voit point.
Un espoir qui va naître et qui se cherche encore
Mêle un frisson d'angoisse aux cris qui se répondent.
Des ombres de passants courent dans la nuit blonde.
Des voix s'enflent de voix que d'autres voix prolongent
Et l'écho des regrets change la peine en songe.

Mithral, seul, à l'écart, contemple, sans un geste,
Cet étonnant tableau de la cité céleste.
Comme un héros qui sort d'un rêve injurieux,
Il s'éloigne à grands pas, indigné contre Dieu.
Un rêve éblouissant l'emporte : il a conçu
Le projet de rejoindre et de sauver Jésus.
Longtemps il cherche, il tourne, il s'oriente. En vain.
Il appelle et n'entend que ses pas inégaux
Courir dans l'invisible au devant des échos.
Comme l'on monte en songe un escalier sans fin,
Il gravit à tâtons, sur d'antiques échelles,
D'énormes dos rocheux cuirassés par le gel,
Ou, penché sur l'abîme à mi-corps, il écoute
Pleurer le verbe obscur des sources qui s'égouttent.
Les spirales du vent tordent leurs anneaux blêmes.
Une note qui pleure, au loin, toujours la même,
Résonne, et l'on dirait une larme sonore
Qui coule et tombe; et l'âme, au bruit de cette voix,

Croit entendre son corps gémir dans l'autrefois
Et frémit de pitié pour des maux qu'elle ignore.

Soudain, là-bas, et comme au fond d'une buée
Lumineuse, apparaît la face exténuée
Du Christ. Un filet noir coule au long de sa tempe
Et sur son corps livide un vieillard est penché
Qui, tout bas, en tremblant, verse un rayon de lampe.
Mithral, à ce tableau, bondit dans les rochers,
Et voici qu'à deux pas de lui, sous un velum
D'azur, il voit, inerte et nu, le fils de l'Homme,
Sur la vase fiévreuse, allongé, les mains jointes,
Si pâle qu'on dirait, dans l'ombre dégradée,
Un profil en grisaille à travers une ondée.
Deux triangles de flamme opposés par les pointes
Palpitent sur son corps comme des yeux qui veillent.
Il dort et, par moments, dans son rêve, il appelle,
Et de ses bras tordus déchirant son sommeil,
Soupire comme un dieu fatigué d'éternel.
Seul, alors, dans l'horreur, son souffle, ardent et lourd,
Rythme le battement des ailes du silence.
Le vent gémit. Jésus reprend sa somnolence.
La source du regret sanglote au fond des jours.

Longtemps, Mithral, d'un œil brûlé par l'insomnie,
Contemple avec stupeur son maître à l'agonie
Et se perd dans le noir sentier du souvenir.
Mais, fouillant du regard les crevasses prochaines,

Il sent une présence invisible qui gêne,
L'emprise d'un vouloir qu'il ne peut définir.
Il se tourne. Il est seul. Au creux d'une ravine,
La croix, énorme et blême, ensablée à demi,
Pèse encore aux talons de Jésus endormi.

Comme une épave en proie aux tempêtes divines,
Elle a roulé de siècle en siècle dans l'histoire.
Sa cime a combattu la foudre et s'en fait gloire.
Son poids fait peur. Au cours des temps, sous sa pesée,
Les portes de la loi se sont toujours brisées.
Ses clous, demi-rompus, n'en déchirent que mieux.
Dans la cendre des morts sa masse enracinée
Obscurcit l'avenir où luit la destinée.
Son ombre, à l'infini, donne la fièvre à Dieu.

Tel Mithral s'abandonne à sa tristesse intime.
Haut et noir, sur son grand bâton de cornouiller,
Il songe; et, par instants, son bras, vers la victime,
Se tend avec lenteur, comme pour l'éveiller;
Il écoute vibrer comme une flamme ardente
Les cercles de l'angoisse élargis par l'attente,
Et l'ombre de sa main, sur le front du martyr,
Comme un papillon noir se pose et se retire.

Soudain, en gémissant, Jésus ouvre les yeux,
Et voici qu'il esquisse un geste de défense
Comme un enfant qui souffre et craint de faire offense;

Et, devant ce spectacle indigne de son Dieu :

— Malheureux ! dit Mithral, sourdement irrité,
Malheureux, qu'as-tu fait de ton éternité ?

Comme un vaincu qui porte un douloureux secret,
Jésus, sans protester, garde la tête basse,
Et l'aile d'un nuage invisible qui passe
Projette en s'éloignant une ombre sur ses traits.
Mithral, pris de remords à le sentir si triste,
Pose en frère la main sur l'épaule du Christ,
Et sourit, désireux d'atténuer son blâme.
Jésus, touché, saisit cette main dans les siennes,
Et le double rayon de la pitié chrétienne,
Cette larme de Dieu qui tombe sur une âme
Et remonte de l'âme à son Dieu, les unit
Dans la communion de l'amour infini.

Heureux l'oubli mystique où le cœur se repose
D'aimer ! Le temps distrait laisse tomber les heures,
Et sur les yeux vaincus aux paupières mi-closes,
Les doigts de la musique ont d'étranges douceurs.
Parfois, après de lourds et de troublants accords,
Des silences plus lourds et plus troublants encore
Traînent dans l'air glacé plein de rayons étranges;
L'enchantement du froid fait frissonner les anges.

Mithral enfin s'éveille et reprend à mi-voix :

— Qu'il est triste, le sort, mon frère, où je te vois !
Moi qui, dans ton royaume introduit dès l'enfance,
Appris de la légende assise à mon chevet
La splendeur dont la mort t'entoure et te revêt,
De l'excès de ta gloire ébloui par avance,
A peine, en ma pensée, osais-je ouvrir les yeux
Sur l'éclat de ta face où se reflétait Dieu;
Et te voici, couvert de boue et de blessures,
Terrassé par le froid qui te tient aux épaules,
Seul, captif, oublié du ciel, dans une geôle
Souterraine, où tu meurs tout bas, loin de l'azur,
Comme un pestiféré de l'infini !
                                    Pareil
Au blessé qu'une voix amie et triste éveille
A la raison, Jésus ébauche, le front bas,
Un sourire qui cherche et ne se souvient pas.
Depuis l'éternité qu'il souffre, il ne sait plus
S'il a laissé périr sa gloire ou s'il l'attend.
Il a perdu son âme au carrefour des temps.
Du terme à l'origine, il flotte irrésolu,
Heurtant ses souvenirs qu'il prend pour des présages.
Les siècles qu'il confronte ont tous même visage;
Sur le chaos du Verbe où les mots se confondent,
La poussière qui tombe ensevelit le monde.

Comme on conte aux enfants les maux qu'ils ont soufferts
Jadis, dont le récit les angoisse et les charme,
Mithral conte à Jésus l'épreuve du Calvaire

Dont il suit le reflet en ses yeux pleins de larmes.

— Te souvient-il du beau songe triste qu'un dieu
Rêva, dans le décor des lacs de Galilée ?
L'amour y passe et la légende long voilée.
La foi, sur un abîme, y dort, au fond des cieux.
Le cortège des jours qui descend l'existence,
Au miroir du regret s'y reflète, à distance;
Le dieu qui s'y promène, en lutte avec les sages,
D'un sourire amical y salue au passage
Le lys des champs aux mains du vieux roi Salomon.
Le parfum du Jardin des Oliviers s'y mêle
En guirlande mystique à l'écho du Sermon
Sur la Montagne. Un ange y veille, âme fidèle,
Sur un tertre funèbre où trois ombres s'allongent...
N'as-tu point parcouru les cycles d'un tel songe
Et sais-tu pas le nom du dieu qui l'a conçu ?

— Ah ! par pitié, tais-toi, tais-toi! répond Jésus.

— D'où vient que sur ton flanc marbré de moisissures,
Saignent encor tout bas tes antiques blessures ?
Reprend l'homme. On dirait que des mains inconnues
Les ont, par piété, dans l'ombre, entretenues,
Tant leur entaille est fraîche et rouge leur couleur.
Faut-il croire que Dieu cultive ta douleur ?
Ou que des familiers, pour affirmer leur foi,

Ravivent dans ta chair les tourments d'autrefois?
Qui t'impose en ces lieux un pareil sacrifice ?

Jésus ouvre les bras et dit : Ce sont mes fils.

— Quels fils ? reprend Mithral, plein d'exaltation.

— Les fils de ma pensée et de ma passion :
Tous ceux qui, dans la crainte et la fièvre conçus,
Se réclament des pleurs et du sang de Jésus !

Longtemps Mithral, troublé par l'aveu du martyr,
Interroge l'abîme et l'entend retentir.
— La poussière étoilée où marchent les héros
T'environne et te cache à demi tes bourreaux,
Dit-il. Je conçois mal les enfants du Messie
Qui séquestrent leur père et qui le supplicient.
Je chercherais plutôt, ici comme là-bas,
Dans la foule envieuse où grandit Barabbas...
La douleur a peut-être égaré ta pensée.

Jésus, dans la pénombre, étend sa main blessée :
— Celui qui me renie est trop loin pour m'atteindre;
Il vit un autre rêve et subit d'autres lois.
Ceux qui m'aiment ont seuls pouvoir d'agir sur moi.
Tous les grands fondateurs n'ont que leurs fils à craindre.

Mithral, à cet aveu, se tait, pris d'épouvante.
— Ceux qui m'aiment le plus me font le plus souffrir
Dit le Maître, voilé d'un étrange sourire.
Vois comme ils ont gardé mes blessures vivantes!
Toi qui, dès ton enfance, en sus la litanie,
Dénombre-les, sous la poussière et la sanie !
Pas une, en deux mille ans, qui soit cicatrisée :
Le temps n'a pu tarir leur mystique rosée.
Trempé de mes sueurs et tremblant de mes transes,
L'élu qui me chérit de tendresse éperdue
Veut sa goutte de sang pour lui seul répandue.
Son frère, par sottise, exalte ma souffrance.
Un autre... mais pourquoi dénoncer leur malice?
Il est tant de moyens d'achever mon supplice !
Regarde cette entaille ouverte en ma poitrine
Pour m'arracher le cœur et le fleurir d'épines !
Regarde cette plaie au front : je l'ai reçue
De la pitié d'un fils, comme un coup de massue !
Alors, baissant la voix, Jésus, dans un murmure,
Ajoute ⁊ Autour de moi, mes bourreaux sont cachés
Partout, dans la pénombre humide, au creux des murs,
Au fond des puits, aux trous du sol ou des rochers.
Ma prison souterraine est une autre Babel
Plus vaste, où tout un peuple indénombrable habite.
Les uns, au flanc des monts logés en cénobites,
D'autres voués aux soins du temple ou des chapelles;
Mais tous, jeunes ou vieux, vétérans ou novices,
Tous ont leur part, proche ou lointaine, au sacrifice.

L'aveu tombé, Jésus soudain semble au regret
D'avoir laissé Mithral surprendre son secret.
Il regarde sans voir, absorbé par l'esprit,
Des frissons de lumière, au pied d'un rocher gris,
Monter dans l'invisible et mourir pour renaître,
Comme l'essor d'une âme ou le souffle d'un être.
Présage d'un malheur dans l'abîme accompli,
Un rayon de tristesse a traversé l'espace,
Et l'homme, en sa pitié, sentant le deuil qui passe,
Prolonge son silence où flotte un peu d'oubli.

CHANT X

L'ÉVASION

Le délire du vent plein de mots inconnus
Trouble de ses clameurs les glaciers endormis.
Le brouillard monte au long des murs. Jésus gémit.
L'homme tourne la tête et voit, sur le flanc nu
Du martyr, la blessure éternelle saigner,
Et sa colère éclate en accents indignés :
— Se peut-il que ton Père à ce point te délaisse!
Debout! Jésus : c'est trop souffrir! Qui te retient
Dans la prison mystique où tu meurs de faiblesse ?
Debout ! N'es-tu pas roi du ciel et des chrétiens?

Comme aux pourquois d'enfants on sourit sans rien dire,
Jésus à ces propos répond par un sourire;
Mais Mithral, du regard, exige qu'il s'explique,
Et le Maître, à mi-voix, parle, mélancolique :
— Je suis roi, tu l'as dit, mon frère, et prisonnier,
Nous sommes tous captifs et rois de nos désirs.
Il me faut, jusqu'au jour du jugement dernier,

Porter le deuil humain, sans pouvoir l'adoucir.
Nul ne peut, pitoyable aux tourments qui m'accablent.
Soustraire à mon fardeau le poids d'un grain de sable.
Du mal qui sort de lui, fût-ce dans son absence,
Chacun répond devant les mystiques puissances.
Sur la route où s'en vont les âmes dans les cieux,
L'ombre de nos erreurs s'allonge et nous escorte,
Et nos rêves éteints, blanchis de cendre morte,
Se dressent dans la brume où nous marchons vers Dieu.
C'est la loi, triste et douce ensemble, et salutaire,
Que du fond du passé sur le miroir céleste,
Se profile à jamais le reflet de nos gestes.
Je souffre, en l'éternel, de mes efforts sur terre :
La gloire en m'accueillant m'a blessé d'un coup d'aile;
Chaque jour je suis mis en croix par mes fidèles
Qui s'affolent dans l'ombre en écoutant mes cris !
Je m'incline vers eux qui ne m'ont pas compris.
S'ils ne devinent pas ma présence, ils en sentent
La grâce heureuse et la douceur compatissante :
Je suis l'astre voilé qui luis sur leur automne.
Suppose que ce soir, cédant à tes instances,
Je laisse à la dérive aller la Providence,
Où vont-ils échouer si je les abandonne ?
Regarde-les, mon frère, égarés mais aimants,
Gémir, en leur candeur, sur mes maux qu'ils prolongent,
Et par leur jalousie exalter mes tourments !
Ah ! je suis à jamais enchaîné par mes songes !
Et si l'un de mes fils, en sa ferveur barbare,

Veut qu'un peu de mon sang soit versé pour sa part.
Qu'importe ma douleur si mon peuple est heureux ?
Ne suis-je pas le pain qu'ils partagent entre eux ?
Je voudrais à chacun me donner tout entier.
Comme un mystère unit les soleils à distance,
Une chaîne invisible a joint nos existences.
Le rosaire des jours, fleuri par la pitié,
S'égrène aux mains du Père, et tombe, heure par heure.
La nuit monte. A mes pieds mon peuple se rassemble.
Un frisson nous étreint d'avoir souffert ensemble,
Et je les chéris tous jusque dans leurs erreurs
Où tant de foi se mêle à l'ombre de l'amour !

— Les sentiers de la gloire ont d'étranges détours,
Dit Mithral, où Dieu seul pourrait se reconnaître !
Le commun des croyants s'y perd avec son maître.
Vers le gouffre invisible où le démon te mène,
Tu marches, ébloui de ton propre sourire :
As-tu si bien pris goût à la souffrance humaine
Qu'en ton éternité tu n'en veux plus guérir ?
Sais-tu que la douleur mystique est un poison
Dont l'abus misérable enfume la raison ?
Sens-tu pas que de siècle en siècle s'affaiblissent
Ton verbe et ta pensée usés par le supplice ?
Ta voix ne porte plus dans l'âme, à l'infini,
Comme aux jours d'Emmaüs et de Gethsémani.
Lorsque hier, devant moi, tu parlais aux élus,
Je percevais encor ses rythmes inégaux

Qui semblaient de très loin venir, comme un écho,
Mais les sons fatigués ne m'en parvenaient plus.
Comme les dieux de pierre érigés dans les temples,
Tu deviens une idole et n'es plus un exemple.
Regarde au fond des temps, s'amasser les présages.
Compare l'homme à l'œuvre et notre siècle au tien :
Le culte de ta mort enivre les chrétiens,
Mais le sens du mystère est perdu pour leurs sages
Et l'effort d'obéir épuise leur génie.
L'arbre mort qui te porte a nourri l'univers,
Les saints ont dénombré tes hoquets d'agonie,
La foi n'est qu'un sanglot à l'ombre du Calvaire;
Mais ton silence a fait le silence alentour,
Le froid monte du gouffre où tu t'immobilises
Et la torpeur céleste a gagné ton église
Dont la gloire attristée encombre les vieux jours.
Ah ! si, par grâce, un dernier souffle d'énergie
Brûle et palpite encor sous ta blême effigie,
Éveille-toi, Jésus, du songe expiatoire
Dont l'infamante image épouvante l'histoire.
Éveille-toi ! Les temps sont venus : voici l'heure.
Écarte le décor de ton martyre; essuie
Ton sang; laisse tomber ton manteau de douleur;
Sèche ton front en fièvre insulté par les pluies;
Ouvre au jour tes yeux las peuplés d'astres obscurs;
Descends de la potence ignoble où tu figures
Comme une enseigne au seuil de la maison divine;
Sors du caveau funèbre où la foi te confine;

Dépose ta couronne épineuse et me suis :
Nous irons en pleurant demander à la nuit
Si ton Père, épuisé d'agir et de vouloir,
Ne s'est pas, de fatigue, endormi sur sa gloire.

Du geste d'un vaincu qui s'abandonne à Dieu,
Sans un mot, faible et doux comme un convalescent
De l'éternel, Jésus se lève, obéissant,
Et marche. Ah ! qu'il est triste à voir, le roi des cieux,
Triste et charmant, charmant de sa tristesse même,
Lorsqu'il tremble de rompre avec tout ce qu'il aime,
Comme un enfant blessé qui fait ses premiers pas !
Et Mithral, qui l'observe et l'admire tout bas,
Ébauche, en le voyant remis de ses alarmes,
Un essai de sourire encor tout près des larmes.

Mais un remords poursuit le martyr, et souvent,
Comme un fuyard qui voit s'allonger devant lui
Le profil imprévu d'une ombre qui le suit,
Il se tourne inquiet, poursuivi par le vent.
Mithral qui le soutient du bras et qui l'entraîne
Croit ouïr derrière eux des plaintes souterraines.
Côte à côte, à tâtons dans la nuit, ils traversent
De longs tunnels interminables, où s'élèvent
Des jets d'eau cliquetants et clairs comme des glaives
Et qu'un souffle invisible éparpille en averse.
Par des sentiers secrets que révèle Jésus,
Dans la cité mystique ils vont, inaperçus.

Comme un brouillard lilas troué de flèches d'ombre,
Le jour enfin paraît au bout d'un couloir sombre,
Et les deux prisonniers s'échappent de l'abîme.
L'aurore encor fumante est debout sur les cimes.
Que la lumière est sainte au sortir de prison !
Le matin s'interroge au bord de l'orient;
La flamme glorieuse éblouit l'horizon.
En marche ! l'avenir est ouvert aux croyants !

Mais l'homme à peine a fait quatre pas que soudain
Il laisse, de surprise, échapper son gourdin.
Dans un retrait du mur, sur un lit de roseaux
Couché, Nominoé que la tiédeur pénètre,
Engourdi par l'oubli qu'apporte le bien-être,
S'endort. Son poil fumant, lustré sur ses vieux os,
Reluit. Dans ses flancs creux que la mouche importune,
Le sable, encor salé du baiser de Neptune,
S'accumule. Ses mains qui vers l'azur se lèvent
Semblent poursuivre en l'air la forme évanouie
De son désir; son souffle hésite, et son ouïe
Perçoit les pas du temps en marche dans son rêve.
Dans la phosphorescence aveugle du sommeil,
Il voit de loin venir à lui, frais et vermeil,
Mithral qui s'agenouille et le touche du doigt.

— C'est toi, mon fils aimé, dit-il, c'est enfin toi !

Ses yeux se sont ouverts au monde. Il sourit d'aise,

Et l'homme le contemple en paix. Tous deux se taisent.
Ce que chacun souffrit pour son frère éloigné,
L'accent de son regard peut seul en témoigner.
Comme des exilés qui se font confidence,
Le bruit des mots leur est pesant. Qu'il est intense
Et triste, leur sourire où se mêle un instant
Le cours de l'âme au cours silencieux du temps!
Qu'il a, dans sa pudeur, de charme inexprimé,
L'amour qui se reflète aux yeux d'un être aimé!
Nominoé, voyant Jésus sur son chemin,
Se lève et le salue avec la sympathie
Qui fait communier les âmes averties.
Jésus sourit et rend le salut de la main,
Et Mithral qui reprend son bâton voyageur
Entraîne sur ses pas ses compagnons songeurs.

Or, autour d'eux, le ciel s'éteint. Le paysage
S'attriste, et l'horizon prend un morne visage.
Les êtres inconnus qu'ils croisent en chemin
Ne portent plus de nom dans le langage humain.
Des formes sans contours, sans lois, sans consistance,
Où se reflète à peine un semblant d'existence,
Égarent dans les airs leurs membres négligents,
Comme ces brouillards bleus, striés d'ombre et d'argent,
Qui montent vers l'azur quand, dans l'herbe irisée,
Le rire du soleil éblouit la rosée.
Comme un collier de grains lumineux qui s'égrènent,
Des ombres, ignorant où leur désir les mène,

S'entrecherchent à lente allure et disparaissent;
Une absence ignorée attriste leur paresse.
Des projets en délire, errants dans l'impossible,
Passent; et des regrets s'éloignent, taciturnes;
Un songe ailé reflète une gloire invisible;
Un crime qui sanglote est assis près d'une urne;
Un scrupule qui veille au pied d'un arbre mort
Se cache; un souvenir se dresse et se rendort;
Un rayon fait lever des âmes qui frissonnent;
Des spectres enfiévrés sortent des eaux dormantes,
Et sur les bords d'un lac lointain, des voix d'amantes
Pleurent dans des sentiers où ne passe personne.

Mithral, déconcerté, se tait. Que signifient
Ces pâles revenants étrangers à la vie ?
D'où sortent les damnés qui suivent ces fantômes ?
Il semble qu'enhardi par le sommeil du Maître,
L'enfer usurpateur ait peuplé son royaume.
Dieu, dans l'éternité, s'est-il fatigué d'être ?
Près des sources d'amour où les vertus vont boire,
Des démons blêmissants, trempés de sueurs noires,
Sur leurs pieds mutilés tordent leurs reins immondes.
Parmi les marbres bleus jonchés de fleurs de songe,
Des champignons, pareils à de blêmes éponges,
Font croissance, et soudain, putréfiés, se fondent,
Comme ces débauchés qui tout d'un coup moisissent
Et tombent en ordure aux pieds de Némésis.
Non loin, se traîne un sphinx aveuglé de poussière,

Son regard maléfique inquiète les pierres,
Et dans le sable ardent, troués d'antiques flèches,
Des monstres, glorieux de leur laideur, se lèchent.

Jésus ne semble pas troublé par leur présence.
On dirait, à le voir marcher avec aisance,
Qu'au cours d'un précédent voyage en purgatoire
Il a déjà connu ces ombres transitoires.
La force resplendit sur ses traits résolus.
Ses yeux ont recouvré leur fierté. Ce n'est plus
L'infirme impérial que Mithral affranchit,
L'innocent que l'Église a pris sous sa tutelle.
Fils authentique et roi de la race immortelle,
C'est un Juif à la barbe épaisse, aux yeux rougis,
Les traits aigus, cheveux bouclés et teint de cuivre.
Sa lèvre a repris goût à la saveur de vivre;
Son corps joyeux a dépouillé ses cicatrices;
Il porte en ses yeux noirs qui semblent vivre ailleurs
L'illumination d'un rêve intérieur
Que parfume et fleurit la joie inspiratrice.
Le voici qui s'arrête et songe, à la croisée
De trois sentiers baignés de brume et de rosée.
Pressant un peu le pas, ses suivants le rejoignent.
Les ailes ont battu d'un ange qui s'éloigne.
Le vent, roi des bois morts, passe, escorté de feuilles,
Et disparaît. Jésus, un instant, se recueille.

— Ici, dit-il, montrant un creux où s'abritaient

Des rochers écroulés sur d'antiques futaies,
C'est le pays des corps sans âme. Là, s'étendent
Les champs du souvenir, abondants en légendes.
Tout droit, cette montagne obscure étant gravie,
C'est Dieu. La route est brève et brusque, elle est austère.
Je la connais. Pour moi, je retourne sur terre
Où s'en vont les damnés vers l'enfer de la vie.

— Quoi ! dit Mithral, déçu, les veux-tu donc quitter
Si près du but, tes compagnons d'éternité ?
Vois, le croissant terrestre est d'or pâle au lointain.

— Je veux renouveler pour un règne à venir
La promesse d'amour que j'ai faite au destin
Et que mon Père aimé tarde tant à tenir !

— Et moi, cria Mithral, je veux lui demander
Pourquoi dans le silence il s'est tant attardé.
Quittons-nous. Que chacun où son devoir l'appelle
S'en aille sans regrets : des deux parts, l'œuvre est belle
Et triste. Abordons-la sans trêve et d'un cœur mâle.

Jésus reste à l'écart debout dans les bruyères.
L'aile du clair de lune évente son front pâle
Où semblent frissonner des lauriers de lumière.
Un silence, un très long silence, où l'on devine
L'inexprimable aveu de la douleur divine;
Un dernier geste, adieu suprême et fraternel.

Sur la route mystique où les âmes circulent,
Jésus, à pas légers, s'éloigne au crépuscule.
Son ombre qui pâlit se fond dans l'éternel,
Et les deux pèlerins célestes l'accompagnent
De leurs désirs, comme un beau songe douloureux,
Tandis que l'ouragan qui monte derrière eux
Voile d'ombre la blanche épaule des montagnes.

CHANT XI

LE GRAND-ESPRIT

Jésus parti, Mithral, vaincu, courbant la tête,
Interroge des yeux les yeux du vieil ascète
Qui détourne la face et, pour toute réponse,
Montre le sentier pâle égaré sous les ronces
Et la cime, à la fois prochaine et difficile,
Où Dieu, loin des vivants, se tient, comme en exil.

Qu'il est long, le dernier voyage, et qu'il est rude !
Les degrés du devoir sont plus hauts, à mesure
Que l'escalier divin s'élève dans l'azur.
Une indicible horreur emplit la solitude.
L'homme regarde aux cieux les ténèbres en marche
D'une montagne à l'autre ébaucher leur grande arche,
Quand soudain, au tournant d'un rocher de basalte,
Les hardis pèlerins de l'infini font halte
Éblouis. Devant eux, comme une floraison
Miraculeuse, éclose au lointain horizon
Du mystère, le temple où l'Éternel réside,

Surgi du sol tragique et nébuleux, se dresse
D'un bloc, énorme et lourd comme une forteresse,
Dans l'abîme désert du temps qui coule à vide.
Suivant le souffle obscur de l'Être qui l'habite,
Sa masse, à l'orient, s'enténèbre ou s'allume.
A son sommet, hanté de visions subites,
Une empreinte de foudre, encor brûlante, fume..
Son front provoque au loin l'enfer et lui tient tête.
L'éperon de sa flèche éventre les tempêtes.
Sur ses remparts, plaqués de lèpres et de rouilles,
Des fantômes font ronde, aboyés des gargouilles.
Des verbes enchaînés gémissent dans ses caves,
Dont l'accent de détresse épouvante les braves.
Son ombre fait périr les verdures voisines.
Son seuil est maculé de sang. Sous chaque porche,
Hurlent des démons noirs, englués de résine,
Qui, sur les murs cloués, flambent comme des torches.
Des anges égarés qui cherchent leur destin
Courent dans le dédale obscur de ses jardins.
Comme un sommet trop haut pour être vu de près,
Son front, parfois, se perd dans l'ombre et disparaît,
Et l'on croit voir sur lui, du fond des cieux plombés,
Le marteau du destin, debout, prêt à tomber.
Mais un souffle de l'Être emporte ces présages,
La maison éternelle a changé de visage :
Des mots éblouissants, par endroits, y fulgurent;
De splendides douleurs et des regrets obscurs
Y dorment, enchantés, et soudain se réveillent,

Et les siècles y font des moissons de merveilles.
Dieu respire, et du gouffre incandescent des portes,
Des effluves d'amour magnétique irradient,
Et des êtres, couleur d'orage et d'incendie,
Messager du rucher céleste, entrent et sortent
A plein vol; et l'Esprit, invisible et présent,
Baigne d'ombre et de nuit ce monde évanescent,
Temple de l'éphémère où l'Éternel est roi.

Côte à côte, tremblants d'extase et blancs d'effroi,
Les chercheurs d'idéal s'approchent du mystère.
Des prodiges ailés qui lèvent sous leurs pas
Alentissent leur marche et les font parler bas.
L'amour mal assuré que la crainte oblitère
S'abandonne à regret au gouffre qui l'attire;
Comme des tourbillons où les désirs poudroient,
Leurs âmes en pleurant s'élèvent dans la joie :
Dieu les appelle-t-il pour les anéantir ?
L'orgueil et la colère enflent-ils pas sa voix ?
Et faut-il croire, avec les sages d'autrefois,
A la minute même où l'Esprit se dévoile,
Que le bonheur de l'homme offense les étoiles ?

Ainsi les pèlerins, en suspens sur le seuil,
Contemplent la forêt des brasiers qui s'effeuillent,
Quand soudain, blanc de neige au retour d'un voyage
Dans l'éternel, un ange, à l'aile claire-obscure
Qui dérobe le jour sous sa vaste envergure,

S'abat, et les entraîne au vent de son sillage,
Et les deux voyageurs tombés à la renverse
Roulent comme des grains de sable, sous l'averse
Ardente qui les chasse et les grêlons de feu
Qui leur font grésiller la barbe et les cheveux.
Les voici, sous la brume, égarés, désunis,
Qui s'appellent en vain, de loin, dans l'infini.
Mithral est seul. Au fond, dans la nue, en tous sens,
Fusent des flèches d'ombre et des phosphorescences;
Et des arbres de feu, pleins d'une étrange sève,
Sur des rameaux d'encens portent des fleurs de rêve
Qui s'ouvrent aux rayons du Verbe et fructifient
Et fécondent la nuit de semences de vie.
L'homme entend, hors des temps, sonner l'heure éternelle.
Il a froid. Il fait nuit dans son âme. Il appelle :

— Maître, es-tu là ?
     Silence.
       — Es-tu là ?
         Sa voix basse
Où tremble la mystique horreur dont frissonnèrent
A l'approche de Dieu les grands visionnaires,
Semble ne s'éloigner qu'à regret dans l'espace,
Comme si les gardiens du Maître faisaient taire
Autour de son repos les verbes de la terre.

Ah ! que de fois tu l'as entendu retentir,
Dans la pénombre ardente où saignent les martyrs,

Ce cri d'espoir blessé qui veut croire quand même :
« Es-tu là ? M'entends-tu, Seigneur, en ta suprême
Pitié ? » Vers les sommets où siège ta bonté,
Que de fois cet appel misérable est monté
Des profondeurs, comme un sanglot de tes victimes !
Soupirs d'angoisse, élans d'amour, tout s'est perdu
Dans le mystère, et seuls, d'en haut, ont répondu
Le mépris du silence et l'orgueil de l'abîme.

L'infini douloureux souffrant d'un mal secret,
S'apaise. Un coin d'azur nébuleux apparaît.
Le rythme de la vie interrompt sa cadence.
Nus comme la lumière et glorieux comme elle,
Les prodiges inscrits sur la fresque éternelle
S'animent. L'ineffable a souri. L'évidence,
Douce aux yeux, triste au cœur, comme une fleur blessée,
Paraît, craintive, à l'orient de la pensée :
Et l'Esprit, éclatant quoique voilé, se lève
A l'horizon, toujours plus loin qu'on ne le rêve.

Tel, en sa majesté s'offre le Roi des Rois,
Lorsqu'il donne aux regards humains de le connaître :
Source de la pensée et miroir à la fois,
Il est fait à l'image innombrable des êtres.
Tous les noms sont à lui : flamme, souffle, reflet,
Amour, tout lui convient; rien ne l'épuise. Il est.
L'ombre de sa présence emplit l'éternité.
Le seul bruit de son nom fait œuvre de beauté.

La pénombre mystique où les croyants sommeillent
L'environne. Il y pèse et confond dans sa main
Les semences d'hier et les fruits de demain.
Son repos a l'accent de la force qui veille;
Le poids de son regard fait fléchir les balances
Et sa pensée au vol féconde le silence.
Sa mémoire est un bruit d'humanités en lutte :
Au souffle de la faim les peuples dissipés
Y flottent pêle-mêle avec les rois tombés
Et les dieux dont sa grâce a retardé la chute.

Mithral tremble, ébloui de vertige. Il chancelle
D'amour, et la splendeur l'affole, et sa raison
Pour un instant échappe au rythme universel.
Mais un cri douloureux s'élève à l'horizon,
Tel qu'au fond de l'abîme en peuvent seuls pousser
Les démons en délire ou les anges blessés,
Et l'éveille.

     — Seigneur, dit l'homme, avec l'accent
D'un fils qui parle au nom de ses frères absents,
Sois bon. Fais-toi connaître, Éternel, dans ta gloire !
Victime trop de fois des méfaits du destin,
L'humanité qui souffre attend Dieu sans y croire.
Les convives promis aux mystiques festins
Sont las. Que tardes-tu, Seigneur, que tardes-tu ?

Mais l'Être n'eut pas l'air de l'avoir entendu.

— Hors du monde, au delà du royaume des sens,
L'invulnérable esprit est blessé par l'absence,
Reprit Mithral; le juste, inquiet, te réclame.
Les vendeurs aujourd'hui sont-ils pas rois du temple ?
Mais Pierre épouvanté se tait à ton exemple
Et la cendre des jours s'amasse au fond des âmes.

La voix de l'homme, au loin, retentit, comme accrue
Par des plaintes depuis des siècles disparues
Et par d'autres encore à naître, et l'unisson
De ces clameurs donnait aux anges le frisson.

Et Mithral s'écria d'une voix éclatante :
— Parle ! Ta surdité fait trembler la prière.
Le triomphe du mal insulte à la lumière.
Ton immobilité qui paraît une attente
A trop duré. Ton âme a vécu trop de songes.
Tandis qu'à l'infini ton rêve se prolonge,
Le problème de vivre angoisse les petits.
Que t'importe ? Ta main couronne les superbes.
Debout ! les mendiants trafiquent de ton verbe.
Tes experts l'ont faussé sans être démentis :
Interprètes sans titre et pasteurs sans mandat,
Ceux qui prennent parole en ton nom déraisonneut.
Parle ! Ton doigt levé ne fait peur à personne,
Seigneur ! Tous les bourreaux se disent tes soldats
Et le sang répandu l'est toujours à ta gloire !
Mais tu dors, dédaigneux de vivre et de vouloir,

Tu laisses dans l'oubli la vie aller son cours,
La clameur des martyrs berce ta somnolence
Et tu goûtes, prudent, le charme du silence,
Comme un vieillard qui craint de dénombrer ses jours !
Dieu se taisant, Mithral, découragé, reprit :
— Si la gloire t'accable à porter solitaire,
Dépose-la. Ta force encombre le mystère;
L'espace inabordable épouvante l'esprit,
Seigneur, et ton sommeil désespère les sages !
L'espérance blessée agonise à ton ombre;
Aux pieds de ta justice, oublieuse des nombres,
Les élus n'osent plus contempler ton visage
Et les croyants ont pris des faces de vaincus !
Lourds et las, lourds d'ennui, las d'avoir tant vécu,
Tes anges déjà vieux de plusieurs univers,
Dans leur vol épuisé dorment les yeux ouverts.
Vois : les uns, bleus de nuit, les ailes repliées,
Rêvent depuis mille ans sur leur gloire oubliée;
D'autres, autour du Verbe où les âmes s'embrasent,
Parcourent en pleurant les cycles de l'extase;
D'aucuns, s'étant laissés tomber, dans leur descente
Heurtent d'un front hautain la mort éblouissante.
Tandis que, dans le vent, ta main, mi-consumée,
Déroule à l'infini des anneaux de fumée,
La plénitude d'être épouvante les tristes.
Regarde : autour de toi tout est mort dans l'éther.
Endormi sous la neige au sommet du mystère,
A peine, en ta candeur, sais-tu que l'homme existe;

A peine si, parfois, ton Verbe, trop subtil,
Féconde la vertu d'un miracle inutile :
Tu restes le trésor caché. Nul ne pénètre
Les secrets de tes vœux et les lois de ton être;
Si, par fortune, un jour, furtif, tu te révèles,
C'est dans l'ombre, en cachette, à d'indignes fidèles,
Et jusqu'en ton éden vient rôder le Malin :
Les jours de l'Éternel ont d'étranges déclins !
Ses lendemains de gloire ont un parfum de cendre !

Mais cette fois encor, Dieu n'eut pas l'air d'entendre.

— Comme un soleil déchu, reprit la voix, tu traînes
Des jours pâles, des jours comme blessés qui penchent....
Prends garde! Un soir prochain l'homme aura sa revanche.
Le clair-obscur de l'âme a des splendeurs soudaines.
Le créateur du juste expatrié des cieux,
L'homme, en sa conscience a trouvé son refuge;
Sur l'œuvre des Sept-Jours il a jugé son juge;
L'esclave, au nom du droit a condamné son Dieu !
Parle, c'est trop tarder; il est temps. Justifie
Ton ouvrage et les lois atroces de la vie.
Méprises-tu ton œuvre, ou n'estimes-tu beau
Que le symbole abstrait de la force au repos ?
Tes choix ont leur caprice : il est des benjamins
Qui dorment dans ta robe et mangent dans ta main,
Et des gueux qui, vaincus loin avant d'être nés,
Portent au front l'arrêt qui les a condamnés :

Ton amour inégal que la grâce a terni
Brûle comme un foyer stérile, à l'infini.

Tel Mithral s'indignait de Dieu. Sous sa colère,
Les murs du temple, ardents, vivants, trempés d'éclairs,
S'écroulaient; et des voix plus pâles que la sienne
Pleuraient en éveillant d'autres voix plus anciennes,
Là-bas, toujours plus bas, encor plus bas, jusqu'au
Silence, où l'âme entend comme un suprême écho

Alors, du geste lent d'un père qui bénit,
Pour la première fois depuis l'éternité,
Dieu, daignant de sa main guider l'humanité
Dans le sentier du doute et de la connaissance,
Laissa, par charité, tomber de l'infini
L'aveu de sa tendresse et de son impuissance.

CHANT XII

LE VOYAGE ÉTERNEL

Parmi les troncs obscurs engainés d'herbes blondes,
Mithral s'en va, les yeux au loin, l'âme obsédée
Par le bourdonnement continu d'une idée :
Qu'est-ce que Dieu, le maître ou le martyr du monde ?
Un peu fier, un peu las, un peu fou, triste à peine,
Juste assez pour goûter la saveur de sa peine,
Il marche sans savoir, comme absent de lui-même,
Retournant pas à pas et tournant ce problème
Sans réponse. Il arrive enfin sur un plateau
De schiste, étincelant d'or pâle et de cristaux,
Et là, cherchant des yeux le vol des destinées,
Il aperçoit, près d'une arcade abandonnée,
L'ascète qui, de haut penché sur l'existence
Éparse aux pieds de Dieu, voit fuir, d'un œil distrait,
Le défilé des jours escortés de regrets
Et leur déroulement devant la Providence.
Du souffle et de la main dissipant ces brouillards,
Mithral fait signe : « Laisse ! et viens. » Et le vieillard
Le suit, indifférent aux gestes de la vie.

Chemin faisant, Mithral s'enquiert : Que signifie
La réponse divine à mon appel ?
                     — Mon fils,
Chacun, selon sa place a part au sacrifice,
Dit le voyant, et tous ont droit à la douleur :
L'homme a son impuissance et les dieux ont les leurs.

— Quoi ! dit Mithral, faut-il, avec les anciens sages,
Croire que l'Éternel revêt tous les visages
Et porte tous les noms du monde ? Existe-t-il,
Au delà du possible, un être plus subtil
Que l'Esprit dont j'ai vu l'impuissante tendresse ?
Peut-être a-t-il laissé pour une œuvre meilleure
La tâche créatrice aux dieux inférieurs ?
Parle.

Mais, sans répondre à Mithral qui le presse,
L'ascète, refusant de servir de témoin,
Passe, un doigt sur la lèvre et le regard au loin.

Dans un vallon brumeux plein de feuilles humides
Qu'un vent mélancolique entasse en pyramides,
Ils suivent un fantôme impossible à saisir.
A mesure qu'ils vont, ils semblent retrouver
Des lieux qu'ils ont connus autrefois, ou rêvés.
La courbe du parcours, conforme à leur désir,
Prête au devoir l'attrait d'une œuvre familière.
La nuance du jour consacre leurs prières.

Leur course à l'infini prend l'allure d'un songe
Où les pas sur l'abîme en silence posés,
S'éloignent sans appui, tremblants d'avoir osé;
Où les beaux rires frais des ruisseaux se prolongent
Dans l'âme; où les échos sont des réminiscences;
Où les arbres joyeux, fraternels aux passants,
Les retiennent tout bas dans le sentier glissant;
Où, dans la solitude, on sent une présence
Amie; où Dieu sourit du sourire discret
D'un confident instruit à garder les secrets.

Comme des fleurs de neige errant sur les prairies,
Un céleste convoi de vierges long voilées
S'élève au crépuscule au-dessus des vallées.
— Père, quel est ce vaste envol d'allégories,
Là-bas ?
        — C'est, dit l'ascète, un essaim de prières
Qui, du Verbe à venir pâles avant-courrières, ·
En poursuivent le bruit de monde en monde.

                              Au creux
D'un grand cirque encerclé d'étages ténébreux,
Les pèlerins, baignés de lune et de poussière,
Regardent s'éployer l'essor des suppliantes.
Plus bas sur l'horizon du cœur, les moins brillantes
S'efforcent de rejoindre encor leurs devancières.
D'aucunes, dans leur course aveugle et sans noblesse
Traînent dans les bas-fonds leurs ailes qui se blessent.

Le besoin d'exister qui torture les âmes
Incite leurs tribus au voyage. Il en est
Qui déclinent, à bout de souffle, et se réclament
De dieux tombés en cendre et que nul ne connaît.
Un groupe résigné de plaintives suppliques
Effeuille ses regrets sur l'eau mélancolique.
Les plus tristes au front portent la croix chrétienne.
Des rêveuses, au seuil du mystère attardées,
S'éloignent en tremblant dans le ciel des idées.
Des sœurs bercent leurs sœurs que des anges soutiennent.
Mais, belles à l'égal des cœurs qui les conçurent,
Si limpide est l'élan des reines de l'azur
Qu'à peine leur exode idéal se révèle
Par l'effluve mystique émané de leurs ailes :
L'amour seul peut leur faire escorte, et la lumière,
Jalouse, en son orgueil, de se voir distancée,
S'épuise dans l'abîme à suivre la pensée.
Sous un voile de pourpre, une oraison guerrière
Poursuit en vain l'écho de la gloire échappée.
La foi relève au loin les offrandes tombées.
L'âme ardente du vent, lasse d'avoir couru,
Les porte. Une rafale ouvre leurs rangs. Il pleut.
L'orage les disperse aux lointains nébuleux
Du rêve, et le convoi céleste a disparu.

Bientôt les pèlerins entendent retentir
Le bruit confus d'un flot qui monte et se retire,
Et vers un nouveau songe ils reprennent leur course.

Dans le sentier salé, jonché de fleurs de lune,
Vole, en flocons d'argent, la barbe de Neptune.
Les gnomes enchanteurs ont engourdi les sources.
Une odeur d'épouvante émane des glaciers;
Leur cuirasse de neige a des reflets d'acier
Et d'or, et leurs échos ont des accents d'airain.
Laissant choir à ses pieds son bâton pèlerin,
Mithral s'arrête. L'aube argente les collines.
A droite, des rochers ténébreux se chevauchent
Comme dans un combat de montagnes; à gauche,
La fièvre de l'écume emplit la mer chagrine.
Sur un tronc de corail le vieillard s'est assis.

— Mon fils, dit-il, mes pas s'arrêteront ici :
L'endroit semble propice à mes vœux. Que sert-il
De fatiguer le temps de verbes inutiles
Et d'épuiser l'espace en parcours superflus ?
Assez parler, assez courir. Je ne veux plus
Suivre, au delà de Dieu, ton voyage céleste.
Je me fondrai vivant dans l'abîme de l'Être;
Mes yeux renonceront à l'orgueil de connaître :
L'homme n'est pas à plaindre à qui son âme reste.
L'âme ne peut se perdre au sentier de lumière.
La captive qui suit la flamme intérieure
Échappe à son destin qui la croit prisonnière.
La saveur de l'oubli semble amère aux meilleurs,
Elle me sera douce et je prétends en elle
Trouver un avant-goût de l'extase éternelle.

A chacun son destin : poursuis seul, s'il t'agrée,
Ton long pèlerinage aux montagnes sacrées :
Le Seigneur tranchera qui de nous l'aimait mieux.
Que dis-je ? en son royaume il n'est plus de mesure :
Tout coup d'aile est béni qui monte vers l'azur,
Tous les sentiers du monde aboutissent à Dieu.
Va, mon fils.

Or, Mithral, ému de ces accents,
Lève la main, comme un prophète qui réclame
Silence, et qui se tait pour écouter son âme,
Mais son bras s'abandonne et retombe : il consent.
Il accepte le rude effort que lui destine
La loi suprême, et sans un mot, seul désormais,
Poursuit l'ascension mystique des sommets.
Le bourdon craquelant de la fièvre en sourdine
Au rythme de la marche engourdit sa douleur.
La vague éteint la vague et l'heure efface l'heure.
Il monte sans jeter un coup d'œil dans l'espace.
Le silence, le froid, l'horreur lui font cortège.
Il atteint les plus hauts névés; il les dépasse.
La vallée, à ses pieds, tord ses anneaux de neige,
Et la mer semble un grand labour d'or. Radieux
D'être seul en plein ciel, seul, aussi seul que Dieu,
Il goûte avec ferveur l'oubli dans l'altitude.
Or, voici qu'il croit voir, sur la plaine azurée,
L'image de l'ascète, au loin, démesurée,
Qui veille, au même endroit, dans la même attitude.

Mais sa taille, déjà géante, est devenue
Formidable. Il s'abreuve à la source des nues
Et sa pensée en prend les reflets. La salure
Amère des embruns trempe sa chevelure.
Son corps subtilisé perd ses contours sensibles
Et s'échappe à travers les formes du possible.
Il se mêle aux frissons du jour; il se disperse
A la brise et se fond sous les doigts de l'averse.
L'hirondelle de mer se niche entre ses flancs.
Sur ses cheveux d'azur semés de coquillages,
Un arc-en-ciel s'écroule en joyaux ruisselants.
Son front sert de repère aux oiseaux en voyage.
Ses doigts marécageux tordent, au pied des monts,
Les crins pâles d'un fleuve englués de limon,
Et lorsque, sous sa lèvre en feu vient se poser
Le visage du vent couvert de larmes chaudes,
Il semble que, semé de gouttes d'émeraude,
L'horizon tout entier se livre en un baiser.
L'ascète ouvre tout bas d'invisibles prunelles
Sur l'espace mystique où s'échappent ses sens :
Dans ce monde où les corps transposent leur essence,
La flèche du désir porte une ombre éternelle.
Il la voit. Il entend l'accord harmonieux
Des gammes du silence et du bruit confondues.
Il perçoit les frissons des étoiles. Ses yeux
Sont morts, mais ses regards dépassent l'étendue,
Et des gerbes d'éclairs, comme des fleurs subites,
S'ouvrent au creux soudain élargi des orbites.

Comme un métal sonore auprès d'un corps vibrant,
La pierre, autour de lui, s'émeut; l'azur bourdonne;
Le convoi des brouillards en marche vers l'automne
Prête une vie obscure à ses os transparents.
Sa voix semble la voix du vent dans la vallée,
Et la chair du nuage à sa chair est mêlée.

Longtemps, Mithral, penché sur le gouffre du monde,
Cherche en vain du regard son maître évanoui.
Les traits du vieil ascète aux traits du ciel se fondent.
Son profil s'est perdu dans l'espace ébloui.
A peine si, parfois, à contre-jour, à l'heure
Où la glèbe commence à perdre sa couleur,
S'allonge sur les eaux un profil de poussière
Où l'homme reconnaît l'image atténuée
Du grand vieillard qui semble, aux sources de lumière,
Faire boire le peuple éclatant des nuées.
Le vent souffle, un orage accourt, et rien ne reste
Qu'un peu d'âme en suspens dans l'abîme céleste.

Sur un fleuve lointain où brillent des glaçons,
Mithral, distrait, se penche, et, pesant la leçon,
Regarde au fil de l'eau nager des vagues d'ombre.
— Morne splendeur, dit-il, triste sublimité
De l'être qui se fond dans la grande unité,
Comme un chiffre perdu dans l'océan des nombres !

Pourquoi courir le ciel désert ? Qu'ai-je besoin
Pour égarer ma foi de l'entraîner si loin ?
Qu'ai-je appris de moi-même à l'école de Dieu?
L'Éternel ne sait pas le mot des destinées.
L'amour est fatigué d'aimer; le ciel est vieux;
L'Éden se meurt; le monde est las de ses journées.
Le chant religieux qui rythmait l'existence
Est oublié. La vie a perdu sa cadence,
Et, pour se reposer d'un trop long sacrifice,
L'antique humanité ne croit plus qu'à ses vices.
Sa tristesse de cœur sonne son glas funèbre.
Dans le fumier latin, l'Église enracinée
Encombre l'avenir que sa masse enténèbre.
La fleur de l'ironie, inféconde, est fanée;
Le silence de l'ombre attriste les penseurs
Et leur pitié qui veille entend pleurer les heures.
L'Esprit-Saint, mal guéri de douleurs fabuleuses,
Court, égaré, dans la forêt des nébuleuses.
Jésus, vaincu sur terre est achevé là-haut,
Et, regrettant d'avoir débrouillé le chaos,
Dieu, si prompt à promettre et si lent à tenir,
Déçu par l'univers, entend la nuit venir.

Crépuscule de l'âme où les meilleurs s'égarent,
Heure trouble où les purs ont peur de leurs regards,
Où les silences même ont des échos étranges,
Blasphèmes des héros en deuil de leur génie,

Qui ne vous a connus sur la route infinie ?
Qui n'a heurté du front le front d'un mauvais ange
Et ne s'est détourné du chemin, sans oser,
Quand la peur l'étreignait, lui rendre son baiser ?

Les coudes aux genoux et les poings au menton,
Mithral, découragé, s'endort sur son bâton.
Dans un songe mystique errant à l'aventure,
Il se voit, éclairé d'un bien-être futur,
Sourire au souvenir heureux de ses épreuves.
Sur un fond d'ombre mauve où des feux blonds se meuvent,
Il regarde en esprit monter en tourbillons
Les phalènes du rêve, éblouis d'un rayon
De grâce. A son réveil, faible comme un blessé
Qui rassemble en pleurant les lambeaux du passé,
Il sent tomber d'en haut le sourire confus
De l'Éternel sur le regret de ce qui fut.
L'homme qui reconquiert son âme sur le doute
Trouve à la douleur même un goût qui réconforte.
Torturé par le sable et le vent qui l'escortent,
Mithral s'en va, traînant son ombre, sur la route
Infinie, et le deuil qui le suit à la piste
Attend, pour le frapper à coup sûr, qu'il se laisse
Tomber comme un héros qui se meurt de faiblesse.
Que le désert du doute, en sa nudité triste,
S'étend loin à l'entour de Dieu ! Qu'elle est ardue,
La voie où les croyants s'engagent dans l'épreuve !

N'importe ! il va, les pieds gonflés, les mains tendues,
Dans la poussière ardente où les démons s'abreuvent,
Et par delà la grève où brise la raison,
Son regard obstiné surveille l'horizon,
Comme s'il espérait un jour y découvrir
L'infiniment lointain qui ne veut pas sourire...

PROTÉE

Drame en un acte, en vers.

PERSONNAGES

Protée, fils de Neptune ;
Clyto, servante de ferme ;
Sostris, vieux marin ;
Clopas, le roi des Morses ;
Océanides.

La scène se passe dans une petite île de la Méditerranée, après l'époque homérique.

PROTÉE.

SCÈNE Iᵣₑ

*Une grotte marine; à gauche un escalier de troncs
et de galets; à droite une baie donnant sur la mer.*

CLYTO, *seule, dispose des peaux de bêtes sur une
couchette.*

SOSTRIS *paraît à droite et l'observe.*
Salut ! Clyto, vivante image d'Astarté.

CLYTO
Salut ! Sostris, coureur des sentiers écumants.

SOSTRIS
Que la déesse à qui nous devons ta beauté
Te conserve toujours, pour notre enchantement,
Ce sourire et ces traits dont les yeux s'émerveillent
Et ces cheveux d'or brun couleur d'aile d'abeille !

CLYTO
Puisse le roi des eaux te donner en retour
De voir beaucoup de thons sécher sur tes éclisses

Et te garder, jusqu'au dernier des plus vieux jours,
L'astuce et la vaillance et l'art du sage Ulysse !

SOSTRIS

Comme, au sortir du port, je passais, par hasard,
Au pied du mur aimé des gueux et des lézards,
Je t'ai vue, échappée aux établés voisines,
Courir sous les pins roux empoissés de résine.

CLYTO

Tu m'as vue... et suivie.

SOSTRIS

Et suivie, à la piste.
Sous l'odorant reflux des myrtes et des cistes,
Derrière les piliers de bronze des cyprès,
Que de fois j'ai failli te perdre à l'horizon !

CLYTO

Un homme de ton poids ne court pas sans raison.

SOSTRIS

Je voulais observer la place de plus près
Où le poing de Neptune a troué la falaise,
Et visiter la grotte heureuse où, tout à l'aise,
Eros en souriant t'instruit dans ses mystères.

CLYTO

Un sage comme toi sait comprendre et se taire.

SOSTRIS

Sois tranquille, je suis un de ces vieux routiers

Qui de l'homme et des flots savent tous les sentiers.
Un secret parfumé qu'on serre en sa mémoire,
C'est un vin frais qu'on garde en réserve au cellier;
Un secret qu'on raconte à tous ses familiers,
C'est un vin qu'on répand et qu'on ne peut plus boire.

CLYTO

Je connais ta prudence amicale et m'y fie.
Songe que cet amour est le premier sourire
Qui soit tombé pour moi des lèvres de la vie !

SOSTRIS

Patience, mignonne, et tu verras fleurir
Le jardin merveilleux que t'a promis la brise.
Crois-moi, le sort te garde une heureuse surprise :
Les présages l'ont dit, de grands destins t'attendent.

CLYTO

Je rêve d'être aimée et non pas d'être grande.

SOSTRIS *fait le tour de la grotte.*

Il est plus d'un détour obscur en ton royaume.

CLYTO

Je suis seule et n'attends le bonheur qu'à la nuit.

SOSTRIS

Mais tu viens par avance en respirer l'arome :
Tel un enfant le flaire avant de mordre un fruit.
Eh bien, puisque l'amour est ton idole, écoute.
Je sais une île où l'homme, ardent, court au plaisir

Comme l'onde impulsive à son dernier désir.
Le bonheur, comme un fruit tombé du ciel, y coûte
L'effort de le vouloir et de tendre la main.
Une cité s'y dresse, orgueil du genre humain.
Toutes les floraisons du rire et de la joie
Ravivent chaque soir sa couronne effeuillée.
Tous les peuples y font trafic et s'y coudoient
Aux yeux étincelants de la foule égayée.
Veux-tu t'abandonner à la douceur de vivre ?
Par la grâce et l'esprit, tu serais deux fois reine
Dans cette île où l'Amour est roi : veux-tu m'y suivre ?

CLYTO

Tu parles bien, Sostris, quand le verbe t'entraîne.

Elle l'interroge des yeux.

Je vois ta fourbe, ô toi le plus rusé des hommes :
Tu me traites en reine à bord, tant que nous sommes
Dans la coupe de sable où l'horizon vient boire;
Mais aussitôt tourné le dos du promontoire,
L'esquif change d'allure et son chef de manières,
La reine redevient servante, et prisonnière,
Ramassée au filet comme une noix marine !
Tu m'arrimes au fond, sous les bancs des rameurs,
Dans les outres de vin et les pots de farine,
Et je peux fatiguer le ciel de mes clameurs,
Je peux me déchirer la gorge de sanglots,
Tu vas me vendre, esclave, aux marchands de Milo.

SOSTRIS

La bouche d'une femme est un coffre à sottises !

CLYTO

Ton audace est célèbre au loin et tes dégâts.

SOSTRIS

Je suis riche d'exploits et non pas de traîtrises.

CLYTO

Tu mens comme l'eau coule, ô roi des mauvais gas,
Et les soufflets du vent qu'il reçut sans broncher
Ont fait ton front superbe et dur comme un rocher.

SOSTRIS

Tu me fais trop d'honneur, petite, et, sans mentir,
Je ne mens pas si bien que tu veux bien le dire.
N'accorde point crédit aux propos empestés
Dont les vieilles du port salissent la cité.

CLYTO

Oh ! que d'efforts perdus et de mots inutiles !

SOSTRIS

Ah ! je sais trop quel dieu te retient dans cette île !
Ce que l'amour annonce, il ne le tient jamais.

CLYTO

J'aime jusqu'aux tourments que l'amour me promet.

SOSTRIS

Soit ! Mais aimer un gueux, un ramasseur d'épaves !

CLYTO

Aussi subtil que toi, Sostris, et non moins brave.

SOSTRIS

Un chien qui n'a pas même un gîte et se nourrit .
D'entrailles de poissons et de limons pourris,
Chercheurs d'œufs dans le sable et d'oignons dans la cendre.

CLYTO

Adieu.

SOSTRIS

Tu pars.

CLYTO *se dirige vers la baie.*

Je pars. Je ne veux plus t'entendre.

SOSTRIS

Le vent va t'emporter comme un flocon d'écume.
Regarde les chevaux marins au blanc pelage
Se cabrer en mordant leurs crinières qui fument
Et courir et s'abattre et bondir sur la plage.

CLYTO

Eh bien, je passerai par la falaise.

SOSTRIS *l'arrête.*

Allons,
Je mettrai sur ma langue un double poids de plomb.

CLYTO

Je ne veux plus entendre un mot injurieux.

SOSTRIS

Je n'aurai pas le front de blasphémer ton dieu !
Mais ne puis-je marcher sur son ombre, en douceur?

CLYTO

A quel titre prends-tu le rôle d'un censeur ?

SOSTRIS

Je ne mets pas mes doigts dans le panier d'autrui.
Chacun, ayant sa part d'olive et de raisin,
La mange quand il veut, sans l'avis du voisin ;
D'accord. Mais j'ai des yeux pour voir, et je m'instruis.
Un seul mot : Que fait-il au cours de ses absences ?

CLYTO

Il est en mer, à moins qu'il ne soit sur la rade.

SOSTRIS

J'ai beau courir la ville et la mer en tous sens,
Jamais je n'ai pu voir son ombre, au camarade :
En trouve qui pourra la raison.

CLYTO

                 C'est qu'il est
Au creux d'une anse, en train d'étendre ses filets,
De suivre, en ses détours, la corde, maille à maille

SOSTRIS

Nul ne le voit jamais, à l'horizon, traîner
Sur le sable d'azur un filet basané.
Les poissons qu'il a pris ont encor leurs écailles.

CLYTO

Et que veux-tu qu'il fasse en ville ?

SOSTRIS

                              Et qui l'empêche
De vendre au Marché-Blanc le produit de sa pêche,
S'il ne va pas l'offrir de demeure en demeure ?

CLYTO

Etranger à notre île, ignorant de nos mœurs,
Jeté par la tempête, un soir, sur les brisants...

SOSTRIS

Etranger, ce n'est point un crime, j'y consens :
Tous les poissons des mers sont les fils de Neptune,
Tout mortel qui m'oblige est mon compatriote.
Mais j'aime bien peser les gens et leur fortune.
Cet homme est-il crétois, ou sarde, ou cypriote ?

CLYTO

Il est fils, m'a-t-il dit, des îles de l'étain.

SOSTRIS

Le menteur est toujours d'un pays très lointain.
Sa barque est d'un profil qui rappelle plutôt
Les traits d'un char que ceux d'un honnête bateau.

CLYTO

Il dit; je crois. Comment veux-tu que je contrôle ?
J'ai peu de goût pour feindre et ce n'est pas mon rôle.

SOSTRIS

Tu bois comme du lait tout ce qu'il te raconte !
Pour moi, très peu sensible au charme de ses fables.
J'ai suivi plusieurs fois sa piste sur le sable.

CLYTO

C'est l'usage chez toi.

SOSTRIS

J'aime à me rendre compte.

CLYTO

Eh bien ?

SOSTRIS

Il m'a glissé des doigts comme une anguille.

CLYTO

J'en étais sûre : il est si prompt, il est si souple !

SOSTRIS

Prends garde qu'il ne glisse entre tes bras, ma fille,
Et n'aille en d'autres lits former un autre couple.
Si jamais je le tiens au bout de mon trident,
Je le fais grésiller sur un charbon ardent !...
Sur la grève du nord où pleurent les macreuses,
Peut-être existe-t-il une anse ténébreuse
Où la nymphe du lieu le reçoit en secret.

CLYTO

Que dis-tu là ?

SOSTRIS

Je dis ce que m'apprit l'usage.
Quand un homme devient brouillard et disparaît,
Un homme en marche, centre et roi du paysage,
C'est qu'au fond du décor existe une fissure.

CLYTO

Que parles-tu de nymphe ?

SOSTRIS

En est-il pas partout ?
L'eau s'envole et devient déesse dans l'azur.
Un baiser de lumière, il n'est rien de plus doux.
Est-elle femme ou non, mi-flamme et mi-rosée,
La cascade qui rit sous sa robe irisée ?

CLYTO

Ah ! comme tu sais bien lancer le trait qui blesse !

SOSTRIS

Ce sont de si menus détails qui te tourmentent ?
Quelle novice es-tu dans ton métier d'amante !

CLYTO

Et qui t'a dit le nom secret de ma tristesse,
A toi qui viens d'un mot perfide, à double entente,
Aviver mon angoisse et troubler mon attente ?

SOSTRIS

Je crois que le vent tourne au nord : et ta pensée
Par l'orage prochain paraît influencée.
La fleur de ton sourire, éteinte avec la pluie,
Se ferme; et tes beaux yeux sont clos, comme se fanent
Le liseron, ton frère, et ta sœur, la bardane...
Sur l'endroit douloureux tu te plains que j'appuie,
Mais si je l'ai touché du doigt, c'est qu'il existe :
La tristesse du soir n'affecte que les tristes.

CLYTO

Ta visite annonçait un deuil : je le savais.
Va t'en, je ne veux plus te voir, mauvais visage,
Mauvais yeux, mauvais cœur, chez toi tout est mauvais.
Ton ombre sur ma route est d'un fâcheux présage.
Va t'en ! porte plus loin ton souffle empoisonné.

SOSTRIS

Ne l'avais-je pas dit que le vent a tourné ?
Des larmes... C'est l'orage ! Allons, je me retire.
Si jamais, pour changer de ciel, ou par dépit,
Le désir te prenait de quitter tes brebis,
Souviens-toi que Sostris est là, prêt à partir.
L'oubli ferait bientôt refleurir ta beauté.
Le flot se souvient-il des bords qu'il a quittés ?

CLYTO

Ah ! crains de rencontrer, un soir, l'écueil vengeur
Où vont les nuits d'embrun, sombrer les naufrageurs !

SOSTRIS

Adieu ma douce, adieu ma blonde prophétesse !

CLYTO

Adieu, mauvais, Adieu, perfide !   *Sostris sort.*
                              Il m'a troublée !...
Le soir s'abat comme une averse de tristesse;
Des fleuves de brouillard débouchent des vallées...
Je sens sur moi, du haut des cénacles divins,
La volonté du sort peser comme un fardeau
Sacré... Prends patience et courage, Clyto ;

Si long que soit le jour, le ciel en voit la fin.
Déjà. le front trempé du souffle des fontaines,
Le soir mélancolique a des pâleurs soudaines
Et le sol prend des tons d'argent : l'heure est venue
D'aller guetter la voile entre l'onde et la nue.

Elle s'enveloppe d'une peau de bête et sort par la baie.

SCÈNE II

CLOPAS, *le Roi des Morses, paraît à droite, maculé de vase.
et d'écume. C'est un vieux chef tout balafré de cicatrices. Il
entre en rampant dans la grotte et balance la tête comme s'il
cherchait quelqu'un.*

Maître, es-tu là ?... Tout est silencieux... Protée !..
Allons, la grotte est vide et semble inhabitée.
J'y respire pourtant, comme une impure haleine,
L'irrécusable odeur de la malice humaine.

*Il plonge dans les flots. Au même instant entre Protée qui
descend l'escalier de gauche sous la forme d'un jeune pêcheur.*

PROTÉE

J'ai vu ses gros yeux noirs et ses dents et son torse
Énorme; je l'ai vu, c'est lui, le Roi des Morses,
Clopas, aux pieds nageurs, aïeul des têtes rondes !
  Il imite le bruit du vent dans les cavernes.

S'il entend, il viendra, fût-il au fond des ondes...
Un grand souffle se meut sous les eaux agitées...

CLOPAS *reparaît.*

Qui m'appelle ?

PROTÉE

C'est moi, ton chef, ton dieu, Protée.

CLOPAS, *méfiant.*

Maître, je suis instruit de tes métamorphoses.
Tu prends tous les aspects des êtres et des choses.
Comme le vent, ton âme a des sautes soudaines.
Ta forme qui s'accorde au cours de tes pensées
Garde le souvenir des vagues effacées.
Dans le brouillard lacté qui jaillit des fontaines,
Elle prend, d'un instant à l'autre, la couleur
De l'onde, ou la nuance imprécise de l'heure,
Le ton de l'air limpide ou du feu, quand il est
D'un bleu pâle, visible à peine, et sans reflets.
Ton rêve est l'arc-en-ciel de tous les paysages.
Le jour qui devient nuit et redevient lumière
A moins d'illusions que tu n'as de visages.
Mais reprends sous mes yeux ta forme coutumière;
Laisse-moi respirer ton souffle de plus près
Afin que je connaisse à tous ses attributs
Le maître aimé, pasteur et roi de nos tribus.

PROTÉE *traverse la scène et, le temps de passer derrière un
rocher, il a pris les traits du Vieux de la Mer, à barbe blanche, vêtu de goémons et de coquillages.*

Respire et vois, prudent voyageur des forêts
Sous-marines.

CLOPAS, *après l'avoir flairé.*

Salut ! maître des jours changeants.

PROTÉE

Quels bruits rapportes-tu du gouffre au seuil d'argent ?

CLOPAS

A l'écart des sentiers flottants du voisinage,
Entraîné par la chasse au nord des Blanches-Iles,
J'ai découvert, un soir, Neptune, en son asile
Secret.

PROTÉE

Loin de ces bords ?

CLOPAS

A trois heures de nage.

PROTÉE

Quel jour ?

CLOPAS

Celui du grand exode aérien
Des albatros.

PROTÉE

Achève et ne me cache rien.

CLOPAS

Neptune, formidable, au pied d'un mont géant,
Gît, comme un promontoire obscur, sous l'océan.
Des goémons gonflés comme des raisins noirs
S'amassent en couronne énorme sur sa tête.

Son ombre, entre deux eaux, s'allonge, au fond des soirs.
Il songe, et son silence enchaîne les tempêtes.
Le souffle impérieux qui sort de sa narine
Effarouche le cours des rivières marines.
Dans le brouillard de sable et d'or qui l'enveloppe,
Son trident gigantesque, œuvre des noirs Cyclopes,
Eclaire vaguement son front. Ses pectoraux
Sont cuirassés de nacre opaline. A ses pieds,
S'étagent des forêts d'étranges polypiers.
Des œufs phosphorescents nagent dans les coraux,
Des constellations de fleurs pâles frissonnent,
Et des buissons vivants de roses anémones,
Comme des fruits de chair s'ouvrent quand il respire.

PROTÉE

Ses traits sont-ils riants ou ténébreux ?

CLOPAS

                          Ils sont
Plus menaçants qu'un vol de grêle à l'horizon.

PROTÉE

Ainsi tout est silence et nuit dans son empire.
A-t-il à ses côtés quelqu'un des dieux mineurs ?

CLOPAS

Aucun.

PROTÉE

    Pas un vieux fleuve, un triton, un sonneur
De trompe.

CLOPAS

Aucun. Son front fait peur à tes troupeaux.
Les vastes cétacés, inquiets, se tapissent .
Dans l'ombre, ou plongent droit au fond des précipices,
Tandis qu'au loin, bruyants gardiens de son repos,
Sur trois rangs écumeux les chiens de mer aboient.
Les poissons clairs, posés dans l'azur des feuillages,
Les convois nébuleux des poulpes en voyage
Bondissent tout à coup de terreur, quand ils voient
Sa face couleur d'huile et qui reluit dans l'ombre.

PROTÉE

Et d'où vient que le dieu montre, en cette saison,
Quand tout paraît tranquille, un visage aussi sombre?

CLOPAS

Maître, n'en sais-tu pas mieux que moi la raison ?

PROTÉE

Parle, j'ai soif d'entendre une voix qui m'éveille.

CLOPAS

Si la haine des mers a ravagé la côte,
Si le sable irrité vole aux yeux du soleil,
C'est que tu provoquas ton dieu.

PROTÉE

        Quelle est ma faute ?

CLOPAS

Que fais-tu là, Protée, à l'heure où les mergules
Vont en pleurant, en longue file, au crépuscule,

Comme un collier rompu s'abattre sur les dunes ?
Qu'attends-tu, dans ce trou désolé, sans sortir ?
N'es-tu plus le pasteur des troupeaux de Neptune,
Et l'instant n'est-il pas arrivé d'avertir
Des échos de ta trompe éclos dans le brouillard
Ton peuple qui s'assemble à la voix des vieillards ?

PROTÉE

C'est vrai. Je suis coupable envers les dieux. C'est vrai.
L'accent de ton reproche avive mon regret.
Mais ne peux-tu guider les colonnes en marche,
Toi, le sage, l'ancêtre, aïeul des patriarches ?

CLOPAS

Où sont les havres sûrs et les quartiers de chasse ?
Les hauts-fonds poissonneux, loin des orques voraces ?
Les grands viviers d'or clair sous le soleil levant ?
J'écoute en vain, la nuit, battre le cœur du vent.
Hélas ! Je ne suis point un dieu. Je ne sais pas
Lire la destinée au livre des présages,
Et j'interroge en vain, en frémissant tout bas,
L'azur indifférent qui n'a pas de visage.

PROTÉE

Hélas ! et moi qui suis un dieu, je me lamente
A prévoir de trop loin la vie et ses tourmentes.

CLOPAS

Mon peuple, abandonné par son roi, s'affaiblit :
Le flot montant des jours emporte sa vigueur !

PROTÉE

Malheur à l'immortel qui laisse, un jour d'oubli,
Quelque chose d'humain pénétrer dans son cœur,
Au dieu qui, par pitié, se risque au jeu d'amour !
Dès lors, l'éternité pour lui n'a plus de place !
Pris dans l'enchaînement des gestes et des jours,
Il trahira son rêve ou reniera sa race :
Il ne peut pas être homme et dieu tout à la fois.
Dans la nuit du désir où la peur est cachée,
Dans les champs du possible où s'affrontent les lois,
Entre deux grands devoirs son âme est partagée.
Impuissant à renaître à l'essence divine,
Il ne peut que mentir à sa haute origine,
Et dans un double effort stérile, il se déchire
Comme la mer qui souffre et qui voudrait agir
Et qu'un mystérieux enchantement oblige
A vivre dans l'attente et l'horreur d'un prodige !

CLOPAS

Eh bien, c'est le moment d'oublier ton délire,
Le prodige est en cours, Maître, et va s'accomplir :
Neptune en a pris soin lui-même.

PROTÉE

Il t'a parlé ?

CLOPAS

J'entends encor l'écho de son verbe écumeux
Mourir; je vois son corps énorme s'ébranler
Soudain, comme un volcan sous-marin qui se·meut.
La grève, sous son poids, s'effondre tout entière,
Son ombre emplit de nuit les cavernes côtières,
Et voici qu'il se tient debout, levant tout droit

Ses bras couleur de sable et vaseux par endroits :
« Roi des Morses, dit-il au loin — sa voix fatale
Frappait les mots comme un marteau frappe un métal —
Roi des Morses, va dire à ton maître Protée
Que je l'attends la nuit de pleine lune, à l'heure
Mystique où l'eau rêveuse, oubliant sa couleur,
Change en perles d'azur sa couronne argentée. »
Et le profil divin disparut à distance
Dans un brouillard de feu, de sable et de laitances.

PROTÉE

N'est-ce pas aujourd'hui la nuit de pleine lune ?

CLOPAS

Sans doute.

PROTÉE

Oh !... j'ai promis d'être ici jusqu'au jour.

CLOPAS

A qui cette promesse imprudente ?

PROTÉE

A l'amour.

CLOPAS

L'amour n'est qu'un enfant; qu'il cède au vieux Neptune !

PROTÉE

Es-tu sûr qu'il a dit cette nuit même, ô Roi ?

CLOPAS

Si je suis sûr ! J'entends encore avec effroi
Son verbe devant qui les autres voix se taisent
Rouler comme un torrent de falaise en falaise.

PROTÉE

Saturne m'a toujours chicané mon bonheur.

CLOPAS

Le devoir, quand il vient, ne choisit pas son heure.

PROTÉE

Je n'irai point : c'est une étrange tyrannie.

CLOPAS

Veux-tu tromper ta gloire et trahir ton génie ?
Veux-tu faire hésiter l'ordre éternel des choses
Pour deux beaux yeux d'enfant fleuris de larmes roses.
Toi, le plus prompt des plus ingénieux esprits
Que la vie abondante ait conçus de Neptune ?

PROTÉE

Si tu savais combien ma gloire m'importune !

CLOPAS

La louange est un fruit savoureux qui mûrit
Lentement et se gâte en peu de jours.

PROTÉE

                                Tant mieux !
Je suis las d'être un juste et plus las d'être un dieu.

CLOPAS

Le courant est terrible au fleuve où tu t'engages :
Que de douleurs quand il faudra le remonter !

PROTÉE

J'ai pris parti d'être homme et prétends le rester.

CLOPAS

Tu sais bien que le temps changera ce langage.

PROTÉE

Je suis lié, j'ai fait un serment solennel.

CLOPAS

Zeus a reçu de toi le serment éternel.

PROTÉE

Tu fais cause commune avec mes ennemis !

CLOPAS

O sage, ô protecteur, sens-tu pas que je t'aime ?
Suis-je pas ton élève et ton sujet soumis ?
Tu n'as d'autre ennemi devant toi que toi-même.

PROTÉE

Pardonne-moi, je suis injuste; mais, vois-tu,
Je me sens, à cette heure, écœuré de vertu.

CLOPAS

Soit. — Crains ton père, alors. Tu sais la volonté
Géante qui l'anime et le fait haleter

D'horreur devant l'obstacle, en son immense orgueil.
Un souffle de sa lèvre efface les écueils;
L'haleine de son sein rythme le flux des grèves;
L'élan de son désir précipite les jours...
Ah ! ne va pas tenter d'interrompre en son cours
Le torrent de sa force emporté par son rêve !...

PROTÉE

Il ne peut m'arracher mon amour ni ma vie.
Je suis dieu comme toi, Neptune, et t'en défie !

CLOPAS

Que dis-tu ? Quel esprit d'erreur et de vertige
T'inspire des défis auxquels nul ne t'oblige ?
En vérité, depuis près d'une lunaison
Il semble que les vents t'ont brouillé la raison !
L'air qu'on respire est-il funeste en ce pays ?
Ah ! rachète ces mots imprudents : obéis,
Sinon, au prochain jour, tu trouveras Clyto
Changée en fleur marine et fixée à ces murs.
Tu la verras, sous l'onde allongeant ses ramures,
Tenter de t'enlacer de ses bras végétaux,
Se chercher un visage au fond des eaux confuses,
Laisser sur son reflet ruisseler ses douleurs,
Et t'offrant un baiser vaseux que tu refuses,
Pleurer son amour morte et son corps sans couleur !

PROTÉE

Il est vrai. Nul n'échappe au pouvoir de Neptune.
Il a d'amers détours et d'étranges rancunes.
Faut-il céder ?... Que faire ?... Attends !. Je crois savoir
Le moyen de répondre à mon double devoir.

CLOPAS

Que veux-tu dire ? Un dieu peut-il, en deux endroits,
Sous un double visage apparaître à la fois ?

PROTÉE

Clyto pourra me voir, comme je l'ai promis,
Sur cette peau de loutre en ses bras endormi.
Mais je dédoublerai mon corps dans le sommeil
Et je serai présent en songe, au grand conseil
Des dieux qu'unit ce soir Neptune et qu'il préside.
A l'heure où son regard les cherche et les dénombre,
Je serai là, vêtu de voiles translucides
Comme en portent les morts au royaume des ombres.
Mon père me verra qui discerne à distance
Tous les désirs dans leurs plus fragiles effets,
Tous les reflets d'un geste au cours des existences.
Il me verra, soumis, et sera satisfait.
Qu'en penses-tu ?

CLOPAS

       Comment veux-tu que je réponde ?
Autant que l'univers dépasse l'horizon,
L'ampleur de ton génie excède ma raison.
Je n'ai jamais ouvert mes yeux sur d'autres mondes.
Le flot d'ombre qui coule au delà du trépas
Brise sur des récifs que je ne connais pas.
J'ignore comme, entre eux, les dieux, selon l'usage,
Echangent leur pensée et montrent leur visage.

PROTÉE

Eh bien, moi qui suis dieu, j'en suis instruit. Ils font
Comme je dis, depuis la naissance des temps.
Neptune, tu l'as vu, couché sur les bas-fonds,

Repose seul, très loin du monde, en cet instant.
Mais, sans fin, des déserts azurés de l'espace,
Des gouttes de lumière ou des larmes de lune
Tombent. Des flèches d'or ou d'ombre qui s'enlacent
Glissent, d'en haut, vers lui, dans l'eau pâle, une à une,
Et lui portent l'image à peine atténuée
Des songes de son frère aîné, roi des nuées
Et des éthers. Et ces aveux, si loin qu'il soit,
Aux doubles profondeurs du rêve et de l'abîme,
Sans même ouvrir les yeux, mon père les perçoit
Sur l'heure, au seul frisson de sa pensée intime.
Ainsi, par un mystique esprit d'amour, unis,
Les immortels se font de longues confidences :
Le reflet leur suffit d'eux-mêmes à distance
Pour entendre leur âme à travers l'infini.

CLOPAS

J'ignore si le dieu tiendra pour suffisant
Cet étrange moyen d'être ailleurs et présent,
Mais j'ai compris tes vœux et les lui traduirai.

PROTÉE

Garde-t'en bien ! Dis-lui simplement que j'irai.

Clopas s'enfonce dans les eaux.

SCÈNE III

La nuit se fait plus noire.

PROTÉE *seul.*

Mes pieds sont las d'avoir trop aimé la poussière,
Mon cœur est las d'avoir trop aimé le désir...
La minute qui passe et meurt est la dernière
Que la pitié d'en haut t'accorde pour choisir :
Ton sort est dans tes mains, Protée. Ouvre les yeux
Et vois : c'est l'instant d'être un homme ou d'être un dieu !
La vie, à la limite extrême du possible,
Est en suspens, devant deux songes en balance.
J'écoute au loin frémir, dans leur chute invisible,
Ces poussières de bruit qui forment le silence.
L'écho qui s'interroge et répond à son doute
Me précède et m'engage à la fois sur deux routes.
Mon ombre, ici, puis là, s'avance et se retire.
La forme, vêtement des êtres, est tombée.
De quel voile de chair vais-je te revêtir,
O mon âme, étincelle au soleil échappée ?

On entend un bruit de pas pressés qui se rapprochent.

Trop tard !... Je jette au vent mon masque aux traits divins.

Il reprend la forme d'un jeune pêcheur.

CLYTO *descend l'escalier en courant.*

Oriose !

PROTÉE

Clyto ! Je te retrouve enfin ! *Ils s'embrassent.*

CLYTO

Qu'il est doux de goûter aux bras de qui l'on aime
Le pardon de la vie et l'oubli de soi-même !

PROTÉE

Qu'il est doux de sentir, dans ses bras qui le pressent,
Un beau corps frémissant de fièvre et de tendresse !

CLYTO

Laisse-moi d'un baiser boire sur tes bras bruns
La saveur de l'écume et les pleurs de l'embrun.

PROTÉE

Laisse-moi d'un baiser, sur tes cils délicats,
Cueillir ces menus grains de sel et de mica.

CLYTO

De quel air glorieux de désir et de joie,
Tu me manges des yeux en prolongeant l'attente,
Comme un fauve qui va s'élancer sur sa proie !

PROTÉE

De quel air tu me ris sous tes boucles ardentes,
En inclinant un peu le col, comme une fleur
D'or pâle dont le soir alanguit la pâleur !

CLYTO

J'aspire, en me penchant sur ta forte poitrine,
L'odeur des vents du large et des herbes marines

PROTÉE

J'aspire, en te sentant palpiter sous ma lèvre,
L'odeur du galbanum et du beurre de chèvre. *Il rit.*

CLYTO

Méchant !... comme il est frais ton beau rire moqueur !
Ah ! quand son sein frissonne au souffle de ton rire,
Je sens battre ma vie au rythme de ton cœur !

PROTÉE

Je sens battre ce sein qui commence à mûrir
Comme un oiseau surpris qui tremble sous les doigts.

CLYTO

Prends ! c'est ton bien : je suis, âme et corps, toute à toi !
Roulement de tonnerre au lointain.

PROTÉE

Ecoute ! Est-ce déjà Neptune qui s'éveille ?

CLYTO

C'est le hennissement des chevaux du soleil
Qui s'arrêtent au seuil des divines étables.

PROTÉE

Des rafales de poudre et d'écume fondues
Passent, comme des chars fumants, dans l'étendue.
La mer pousse des cris, au large, épouvantables,
Et sa houle envahit la grève... Tu frissonnes;
Rassure-toi : les flots feront halte à la porte.

 PROTÉE

CLYTO

Qu'en sais-tu ?

PROTÉE

Je le sais.

CLYTO

Qui te l'a dit ?

PROTÉE

Personne.

CLYTO

Alors ?

PROTÉE

Je sais, te dis-je.

CLYTO

A ton gré; peu m'importe :
Quand je suis dans tes bras, l'univers ne m'est rien.

PROTÉE, *à Neptune.*

Père, prends patience un instant et je viens.

CLYTO

Que dis-tu là ?

PROTÉE

Je n'ai rien dit.

CLYTO

Il me semblait.

PROTÉE

C'est le charroi des flots roulant sur les galets.

CLYTO

Si tu veux, nous irons chercher sur d'autres grèves
Un air plus doux, un ciel plus clément à nos rêves.
Dans ta barque enlacés, nous fermerons les yeux
Et nous la laisserons courir comme un berceau
Flottant que le destin emporte au fil des eaux.
L'abîme du silence où se perdent les dieux
Nous baignera le cœur de ses ondes vermeilles,
Et nous remonterons aux sources du soleil,
Vers les étincelants rivages, où s'égrène
Au vent le blanc collier des cités souveraines.

PROTÉE

Quelles cités ?

CLYTO

Que sais-je ? et que m'importe ?

PROTÉE

Enfant !
Quand on part pour l'amour, c'est ainsi qu'on voyage.
Mais la vie, elle, exige un autre appareillage.
Crédule qui se fie aux promesses du vent !

CLYTO

Les soirs où l'air d'or pâle est étrangement beau,
Il sort de l'invisible une terre voisine
Idéale. Son souffle embaume la résine;
L'odeur de ses citrons enivre mes troupeaux

Et l'appel de ses dieux fait chanter nos forêts.
Veux-tu que nous allions l'admirer de plus près ?
Je n'aime plus cette île ingrate où je suis née.

PROTÉE

On peut fuir son pays, mais non sa destinée.

CLYTO

Le risque n'est pas grand : n'es-tu pas bon marin ?

PROTÉE

Pourquoi, petit oiseau, veux-tu prendre la fuite ?

CLYTO

Comme l'eau ses écueils, l'amour a ses chagrins.

PROTÉE

L'amour ! c'est donc l'amour qui dicte ta conduite ?

CLYTO

Je souffre d'un désir d'exil, et du tourment
Continu que l'absence impose aux cœurs aimants.

PROTÉE

Tout être est un anneau dans une chaîne immense.
Je tire et suis tiré. Que je résiste ou cède,
Je pèse sur l'anneau vivant qui me succède.

CLYTO

Lorsque tu pars ainsi, c'est en barque, je pense ?

PROTÉE

Il faut être brouillard pour marcher sur les eaux.

CLYTO

Ta barque, étrange à voir en son profil princier,
Semble un grand char de course attendant ses coursiers.

PROTÉE

C'est ainsi que chez nous on construit les vaisseaux.

CLYTO

Le soir, quand je la vois s'éloigner de la rive,
Du geste d'un nuage orgueilleux, s'il m'arrive
De la quitter des yeux une seconde...

PROTÉE
                              Eh bien ?

CLYTO

Tout disparaît. Je cherche et je ne vois plus rien.

PROTÉE

C'est le sort de tous les navires qu'ils se fondent
En l'air, dans le baiser de l'espace et de l'onde.

CLYTO

Nul ne te voit jamais dérouler le réseau
Des filets ruisselants qui pleurent sur les eaux.

PROTÉE

Je pêche au large, au nord du cap.

CLYTO

> La vague est forte.

PROTÉE

C'est l'usage chez nous de pêcher de la sorte.

CLYTO

Jamais nul ne te voit offrir de place en place
Le scombre d'émeraude ou la rouge dorade.

PROTÉE

Je suis le dernier-né d'une trop vieille race.
Je laisse le négoce aux soins d'un camarade.

CLYTO

Lequel ? assurément je connais sa figure.

PROTÉE

C'est un passant sans gloire et de naissance obscure.

CLYTO

Mais il est de chez nous, et je prétends connaître,
Obscurs ou non, tous ceux que cette île a vus naître.

PROTÉE

Il est parti de nuit pour d'autres horizons.

CLYTO

Hélas ! que notre amour a de tristes aveux !
Comme ils sont loin de nous, les mots que nous disons !

Ils devraient être beaux comme ces flots de feu
Qui brisent en été dans l'ombre, et n'exprimer
Que l'extase de vivre et l'ivresse d'aimer;
Et nous voici, la voix cruelle, et blancs de fièvre,
Qui nous guettons des yeux comme deux adversaires !
Les mots imprononcés nous font peur sur nos lèvres!
Ah ! par pitié pour nous, oublions ces misères !
Si c'est à ces procès que l'amour aboutit,
Qu'il est triste, ô mon bien-aimé, qu'il est petit !
Ne te souvient-il plus de nos premiers délires ?
Le respect de l'amour, c'est la preuve qu'on aime.
Pourquoi, si nous n'avons pas peur de le salir,
Le sort en aurait-il plus de soin que nous-mêmes ?

PROTÉE

C'est vrai. L'homme se croit toujours infortuné
S'il ne reçoit des dieux plus qu'il ne veut donner;
Ouvrons un cœur plus vaste aux offrandes divines.

CLYTO

Parle. La vérité, si triste qu'elle soit,
Me fera moins souffrir que de douter de toi.

PROTÉE

La vérité n'est point ce que tu l'imagines,
Enfant. Je ne suis pas le pêcheur que tu crois.
Plus haut s'étend ma vue et plus loin ma science.

CLYTO

Quel es-tu ?... Je devine, un chef, un fils de roi
Qui viens coudre en secret au nœud des alliances
Un beau fil d'or tissé par les sages d'Asie.

PROTÉE

Laisse, la vérité passe ta fantaisie.
Nul ne me voit, dis-tu, penché sur mon reflet,
Eventrer du couteau les congres violets;
Sans doute, ce n'est pas là mon rôle, au contraire :
J'aime d'un amour grave et doux, comme un grand frère,
Les peuples que conçut Neptune et qu'alimente
Le grand souffle émané de son âme écumante.

CLYTO

Ce langage est obscur; fais-toi comprendre mieux.

PROTÉE

Je ne puis; je crains trop que, par mon imprudence,
La baguette mystique échappe aux mains des dieux.
D'obscurs écueils sacrés luisent sous l'existence.
Comme les sons aux sons, les vérités s'enchaînent.
Sous le rideau trompeur des images prochaines,
Le chœur des vérités inexprimables chante;
Les dieux entendent seuls ces voix retentissantes
Et l'homme n'en saisit qu'un murmure, pareil
Au chant d'un coquillage approché de l'oreille.

CLYTO

Ta franchise ressemble au destin que tu mènes :
Elle a, comme tes jours, son vague et ses absences;
L'ombre d'une ombre en fuite, est-ce là ton essence?

PROTÉE

C'est l'essence du monde et des âmes humaines.
Pour dessécher en toi la source des sanglots,

Il faut croire, sans preuve aucune, et les yeux clos,
A l'aveu que je songe et ne peux pas te dire.

CLYTO

Qui le défend ?

PROTÉE

Les dieux.

CLYTO

Les dieux ! Ce mot sacré
Ressemble aux mots de feu que Zeus fait resplendir :
Il éblouit...   *Un éclair brille.*
Sois-en témoin... sans éclairer...
M'as-tu trompée un jour, par caprice, ou fortune ?

PROTÉE

T'aimer fut mon unique erreur, si c'en est une.

CLYTO

Ah ! cette faute-là, garde-toi d'en guérir !

PROTÉE

L'amour a-t-il enfin retrouvé son sourire ?

CLYTO

J'ai foi dans ta tendresse et crois en toi, ravie,
Comme l'oiseau du ciel croit à la liberté !
                                        Ils s'embrassent.

PROTÉE

Que notre âme oublieuse, aux rives du Léthé,
S'effeuille entre les doigts négligents de la vie.

CLYTO

Dormir ! lorsque l'amour vient de sécher ses larmes!
Ai-je changé de forme et cessé d'être belle ?

PROTÉE

La lune sur les flots brille de moins de charmes;
Mais je ne suis pas libre : un grand devoir m'appelle.

CLYTO

Quel étrange devoir qui consiste à dormir !...
Puisque, de son bonheur n'osant pas approcher,
Ce n'est plus que de loin que mon amant m'admire,
Pour éclairer l'amour, je fais comme Psyché.
                    Elle allume une lampe.

PROTÉE

Les sanglots écumeux de Neptune ruissellent.

CLYTO

Laisse Neptune en paix ! Qu'importe aux immortels
Si les amants heureux font festin de caresses !
Les dieux sont-ils jaloux des humaines tendresses ?

PROTÉE

La voix d'en haut, toujours plus pressante et plus forte,
Lance un suprême appel aux esprits voyageurs.

CLYTO

Comme une fleur à peine ouverte et déjà morte,
La rose du désir a perdu sa fraîcheur !

PROTÉE

Ah ! n'en crois rien, Clyto, je t'aime... En cet instant
La vie hésite encor, suspendue à ton geste...
L'orage retentit comme un charroi céleste
Et l'heure impatiente échappe aux mains du temps.

CLYTO

Que nous importent l'heure et l'onde et la tempête!
Le ciel de mon printemps en est-il moins en fête ?
L'orage a-t-il fané la fleur de mon sourire ?
Et le temps que tu perds et dont je sais le prix
Est-il si diligent qu'il ait déjà flétri
Ce sein qui, disais-tu, commençait à mûrir,
Ces bras que ton caprice aimait à comparer
A des fruits savoureux que l'automne a dorés,
Et ce parfum d'oubli qui dort dans mes cheveux.
                         Elle dénoue sa chevelure.

PROTÉE

Soit ! il n'est plus que nous au monde ! Tu le veux,
Je cède et laisse aller le sort à la dérive !
Cueillons l'instant qui passe, oublions ceux qui suivent :
Qui sait si le soleil luira demain matin !

*Des éclairs illuminent la grotte; un grand coup de tonnerre
fait trembler les murailles.*

CLYTO *recule.*

Non, tu dis vrai. Soyons prudents. Trop de présages
Effarouchent ce soir la face du destin.

La langue du mystère est familière aux sages;
Tu la connais : dormons, si les dieux le commandent.

PROTÉE

Tu veux ?

CLYTO

Je veux.

PROTÉE

C'est bien. Va voir se refléter
L'image de ton rêve aux sources du Léthé,
Va rafraîchir ton âme au miroir des légendes.

Il lui impose les mains. Elle s'endort.

Et toi, donne l'essor à ton génie intime
Et va rejoindre enfin tes frères dans l'abîme.

Il éteint la lampe et s'endort.

SCÈNE IV

L'orage s'éloigne. Dans la nuit, les Océanides sortent des eaux.

1ᵉ OCÉANIDE

J'ai vu partir Protée, escorté de dauphins.
Longtemps, dans l'ombre glauque, à l'ancre, au pied des schistes,
Le char vide attendit son conducteur divin.
Une grande fleur d'or pâle éclairait l'eau triste.

Sur le poitrail fumant des vagues soulevées,
Nos sœurs, à l'horizon, guettaient son arrivée.
Le poil blême, un embrun de lumière aux naseaux,
Effarouchant du pied nos vertes chevelures,
Les coursiers nébuleux ruisselaient sur les eaux.
Au cri du maître, ils sont partis à telle allure
Que le grand orgueilleux, lancé sur leur sillage,
Le vent, découragé, tombait, à court d'haleine.

2ᵉ OCÉANIDE

Plus pâle qu'un brouillard d'été, visible à peine,
Le dieu semblait un songe impalpable en voyage.
On eût dit que, fondus en effluves dorés,
Ses membres volatils allaient s'évaporer.

3ᵉ OCÉANIDE

Se peut-il que, pour une enfant, un dieu se laisse
Réduire à cet état de fièvre et de faiblesse !

4ᵉ OCÉANIDE

N'as-tu pas vu, les soirs d'été, sous les piqûres
D'Eros, en plein ciel d'or, se câbrer de colère
L'étalon conducteur du quadrige solaire ?

2ᵉ OCÉANIDE

N'as-tu pas entendu, la nuit, sous l'onde obscure,
Les cris d'amour, coupés de pleurs et de blasphèmes,
Que vers sa blanche idole exhale Polyphème ?

1ʳᵉ OCÉANIDE

Premier-né du chaos, l'Amour dévastateur
Est roi. Le monde entier brûle de ses ardeurs.

3ᵉ OCÉANIDE

Celui qui suit au fond des siècles incertains
La courbe où leur élan entraîne les destins
Devrait être affranchi des faiblesses communes.

4ᵉ OCÉANIDE

La sagesse divine a d'étranges lacunes !

1ʳᵉ OCÉANIDE

Comme on voit à distance apparaître en plongée
L'ombre d'une sirène en grisaille allongée,
Je vois un corps de femme, au loin, dans la mi-teinte.
Son front est couronné de sombres hyacinthes;
Un grand cerne de fièvre encercle ses beaux yeux.

3ᵉ OCÉANIDE

C'est Clyto, la servante amoureuse d'un dieu.

4ᵉ OCÉANIDE

Noble erreur que le ciel n'a jamais pardonnée.

2ᵉ OCÉANIDE

Son rêve prophétique a de soudains frissons.
La voici qui s'éveille à d'autres destinées.

1ʳᵉ OCÉANIDE

Laissons faire le sort, mes sœurs : disparaissons.

Elles s'éloignent.

CLYTO *s'éveille.*

J'entendais en dormant s'élever à distance
Des bruits d'un timbre à peine humain, des bruits de foule
En marche, ou de sanglots en rêve, ou d'eau qui coule
En sourdine, ou de voix qui se font confidence.
Peut-être était-ce un songe éclos dans ma pensée
Qui battait sa prison de ses ailes blessées,
Comme un phalène éclos dans un coffre, ou n'était-ce
Que l'écho de tes pas dans l'ombre, ô ma tristesse ?
J'éprouve, en ce silence équivoque des choses,
Ce malaise de l'âme où l'on souffre sans cause...
Oriose a dit vrai pourtant : l'onde inspirée
S'élève comme un mur translucide, à l'entrée,
Et la cité des flots se dessine au travers.
Sur les degrés d'argent d'un verger nébuleux,
Des raisins sous-marins, gonflés de poisons bleus,
Mûrissent à la lune en leur prison de verre.
Les rochers dentelés s'ouvrent comme un palais
D'azur, entrecoupé de piliers violets.
Un temple ruiné s'y dresse, amas confus
D'antiques chapiteaux écroulés sur leurs fûts,
Et l'on voit, sur deux rangs, aux pentes éloignées,
Courir dans la grisaille un peuple d'araignées.
Que tout est beau ! Quel vaste océan d'harmonies!...
Comme ces grands décors exaltent ton génie,
Mon bien-aimé !... Dans quel royaume de l'éther,
Dans quel caveau peuplé de lampes long voilées,
Ton âme, en me quittant si vite, est-elle allée ?
La porte du sommeil ouvre sur un mystère
Où ne pénètre pas l'impatience humaine.
J'ignore, en ma candeur, quelle tendresse unit
Ton souffle d'homme au grand souffle de l'infini,
Mais je sais qu'un seul rythme accorde vos haleines.

*L'orage se rapproche et le souffle de Protée s'accentue à
mesure.*

Lorsque au matin, surgit, doublé par l'eau tranquille,
Tout un peuple d'îlots lilas et de presqu'îles
D'azur, dans un demi-brouillard trempé d'opale,
Ton lent sommeil ondule en grandes ondes pâles ;
Mais quand le ciel est lourd comme ce soir, il semble
Que la tempête et toi vous respiriez ensemble
Et que ton âme ait part au drame qui se joue.
D'un même élan, ton sein et les flots se soulèvent,
Tu sanglotes comme eux et tu geins sur ma joue
Et comme eux, par instants, ta voix qui parle en rêve
Emet des mots d'un timbre étrange, à mi-chemin
Du cri de l'animal et du langage humain.

La tempête grandit; le souffle de Protée devient effrayant.
Ne souffle pas si fort, ami, tu m'épouvantes...
C'est... bizarre, on dirait... La lune, en son caprice,
Découpe sur ton front d'étranges cicatrices.
Tes flancs ont les reflets d'une écaille vivante
Et tout le poids des mers pèse sur ta torpeur...
Il semble que ta taille ait grandi tout à coup...
Oriose, Oriose, éveille-toi !... J'ai peur !
J'ai peur !... Quel est ce bras de pieuvre sur mon cou ?...
Lâche-moi !... Lâche-moi, tu me fais mal, te dis-je !
Au secours ! Je ne veux pas mourir... Au secours !

Elle se débat furieusement et échappe à l'étreinte de Protée.
Quel drame est en suspens dans l'ombre ? Quel vertige
L'a pris ? En quel abîme est descendu l'amour ?

*Elle allume sa lampe. La droite de la scène est seule éclairée.
La tunique de Clyto est maculée de taches rouges.*
Du sang ! Je suis blessée... Horreur ! Je porte au flanc...
Un, deux, trois, quatre, cinq : cinq larges trous sanglants,
Comme si, dans la nuit, j'avais été serrée

Par une main géante aux griffes acérées...
C'est un rêve qui va s'effacer tout à l'heure.
Non, je souffre ! et ne puis douter de ma douleur !...
A quel sphinx, à quelle hydre appartient cette main?
J'ai peur, et n'ose plus me regarder... Voyons,
Voici le pouce et les quatre doigts en rayons :
C'est la serre d'un monstre et non d'un être humain!
En quels bras, sur quel sein de stryge ou de lamie,
Ai-je posé ma tête et me suis-je endormie ?...
Où fuir ? Ici la mer, et là-bas, dans l'obscur,
La Bête qui n'a pas de nom ni de figure !...
Son seul souffle aurait dû m'apprendre à le connaître...
L'haleine de l'orage est toujours plus ardente...
Eh bien, je veux savoir le secret de son être :
L'excès de la douleur vaut mieux que son attente.
Ah ! j'ai peur ! Je suis seule, et femme, et sans défense...
Dussé-je trébucher sur son sommeil, là-bas,
J'irai... Debout, Clyto; sois forte !... Allons, avance!
Un pas, un autre, un autre encore, un dernier pas...

*Le tonnerre redouble, rythmé par le souffle formidable du
dormeur. Clyto soulève sa lampe. On aperçoit Protée endormi,
sous la forme d'un monstre marin, couvert d'écailles, un
museau de requin, la gueule ouverte, montrant les dents aiguës,
d'énormes serres d'oiseau de proie, une queue de serpent.
Clyto pousse un cri d'horreur et s'évanouit. La lampe tombe et
s'éteint. Nuit. Lentement les Océanides reparaissent.*

1re OCÉANIDE

Le ciel ne peut tourner sans faire de victimes,
La mort plane en suspens dans l'ombre de ses gestes.
Comme un reflet du drame engagé dans l'abîme,
Un drame humain se joue, écho des voix célestes.

2e OCÉANIDE

Les portes de l'Hadès s'ouvrent dans les ténèbres :
L'avenir apparaît, embrasé du grand drame.
La couronne des jours faite de fleurs funèbres
S'allume au fond d'un temple où gît un corps de femme.
Le feu gagne et l'autel prend forme de bûcher.
Les graines de la foudre éclatent au toucher
Des vents, et l'horizon où la mort se devine
S'effarouche du feu des colères divines.

3e OCÉANIDE

Eteins la vision qui flamboie en tes yeux :
Les mystiques forfaits sont le secret des dieux.

4e OCÉANIDE

Pauvre Clyto, son front semble dans sa pâleur
Une fleur de phosphore éclose dans la nuit.

1re OCÉANIDE

L'amour est un voyage au devant des douleurs
Où l'âme, en se pleurant, se découvre en autrui.

CLYTO *se réveille.*

Ombres d'argent, légers brouillards à face humaine,
Etes-vous les reflets vivants de ma douleur
Qu'un instant mon délire anime, et qu'il promène
Sur les rives sans nom du Léthé sans couleur ?
Etes-vous des essaims d'âmes élémentaires
Qui montez vers l'azur comme des bulles d'air

Limpides ? Je ne sais. Mais ne me quittez pas !
Vos doigts me sont si doux qui me flattent tout bas
Du long geste onduleux d'une algue à la dérive !
Vos regards sont si frais, vos voix ont tant de charme !
Sur mon tourment qu'endort un friselis d'eau vive,
Une invisible main verse de l'ombre en larmes.
Le mensonge du verbe étourdit ma tristesse,
La fraîcheur de vos doigts liquides me rassure,
Et je respire un peu d'oubli, sous la caresse
De vos cheveux d'or pâle aux flexions d'azur.

1re OCÉANIDE

Repose, enfant; l'espace est vaste en notre lit.
Allonge sur nos flancs ton corps qui pèse à peine;
C'est ici que, posant le fardeau de leur peine,
Les égarés d'amour abordent dans l'oubli.

2e OCÉANIDE

Un brouillard de légende estompe tes yeux las.
L'horreur altère encor tes traits, où se prolonge
L'idéale stupeur qui flotte au fil des songes,
Et tu vis des instants que tu ne comprends pas.

CLYTO

Comprendre est un péril; connaître est un péché.
Je ne veux plus rien voir du monde : il m'épouvante !
Je voudrais vivre inerte enclose en ce rocher.

3e OCÉANIDE

Dors sur le grand filet aux mailles écumantes
Comme un oiseau posé sur le sein de Neptune.

CLYTO

Parlez plus bas. Tournez mon front contre le mur.
Ne laissez pas mon corps dans ce rayon de lune.
Sur les bords oublieux du Léthé sans murmure.
Que ne puis-je égarer mon ombre dans l'abîme !

1re OCÉANIDE

Courage, enfant ; l'orage est loin, les vents s'accroissent,
Et voici qu'à la fin du voyage sublime,
A l'horizon strié d'or pâle et de turquoise,
La voix de ton ami présage son retour
Comme un appel d'oiseau qui devance le jour.

CLYTO

Cachez-moi ! cachez-moi ! Faites-moi disparaître !
Changez pour qu'il ne puisse plus me reconnaître,
Mon âme en hirondelle et mon corps en rocher !
Que ne puis-je avec vous m'enfuir sous un rideau
De brume, ou me résoudre en pluie, ou me cacher
Sous l'onde, ou m'effeuiller au vent comme un jet d'eau !

1re OCÉANIDE

Courage, enfant. L'épreuve est terrible, mais brève :
La vie est un accès de fièvre entre deux rêves.

Les Océanides disparaissent.

SCÈNE V

PROTÉE *s'éveille. Il a repris la forme humaine.*
Tu dors, Clyto ?... Tout est désert... La bien-aimée
A disparu comme un nuage de fumée.
L'eau peureuse qui tremble au toucher de la nuit
Frissonne, et le brouillard qui sort du fond des puits
Rôde comme un fantôme en quête d'un malheur...
Eveillez-vous, esprits subtils, douces pâleurs,
Innombrables regards lumineux qui flottez
En poussière de flamme aux yeux des nuits d'été !
Il ramasse et lance au loin des poignées de sable et partout
où ce sable est tombé, des lueurs de phosphore apparaissent
et la grotte s'illumine. Il aperçoit Clyto.
C'est elle ! Embrasse-moi, Clyto, ma blonde amie...
Silence ?... Un pied dans l'eau serait-elle endormie?
Clyto !... Pourquoi, le front abrité sous ton coude,
Restes-tu là, sans voix, comme une enfant qui boude?
Pâle étoile de mer enclose au creux des roches,
Depuis quand fermes-tu ta fleur à mon approche ?

CLYTO

Depuis que je t'ai vu sous les traits de la Bête.

PROTÉE

Quels traits ?

CLYTO

Ceux du grand squale affamé qui promène
Son ombre aux profondeurs de ton âme inhumaine.

PROTÉE

C'est le souffle d'un songe enflé par la tempête
Dont l'ombre fantastique effraya ta pensée.

CLYTO

Regarde ! Est-ce l'effet d'un songe aux mains légères,
Ces cinq trous que ta griffe a creusés dans ma chair ?

PROTÉE

Malheureux que je suis, Clyto ! je t'ai blessée !

CLYTO

Arrière ! où je me livre à la mer qui m'emporte !

PROTÉE

Prononce et j'obéis : que veux-tu que je fasse ?

CLYTO

Va t'en ! Je ne peux plus te regarder en face,
Va t'en !

PROTÉE

    Est-ce bien toi qui parles de la sorte ?
Est-ce toi qui me fuis, ou n'est-ce pas plutôt
Un fantôme qui prend la forme de Clyto ?

CLYTO

Est-ce toi dont l'image assombrit ce réflux,

Ou n'est-ce pas plutôt le fantôme d'un squale
Qui dort, sous les gazons marins, fleuris d'étoiles ?

PROTÉE

Hélas !

CLYTO

Non, ne dis point : Hélas ! Je n'y crois plus.
Je ne crois plus à rien : tu m'as ravi la foi.
Ton visage est mensonge, et ton geste, et ta voix;
Tes yeux, couleur d'eau trouble et faux comme un miroir,
Savent trop bien mentir pour que je veuille y croire.
Mensonge encor, ce bras accablé qui se lève
Comme pour dire : Ah ! par pitié ! — Tout est mensonge :
Ta main qui suit la ligne imprécise d'un rêve,
Ta pensée où déjà s'ébauche un nouveau songe !
Ton vrai visage est d'un démon : c'est le museau
D'un requin qui s'allonge et baille entre deux eaux!

PROTÉE

Non, il n'est pas plus vrai que celui que je porte,
Pas plus qu'une autre image, ou riante ou chagrine,
Que cette eau, ce rocher, cette christe-marine
Dont le sang parfumé pleure une nymphe morte.
Comme un oiseau qui vole au long d'une onde vive
Et qui voudrait toujours être sur l'autre rive,
Je change à chaque pas du cortège des heures.
Leurs gestes rituels en strophes alternées
Enchaînent mon destin au cycle des années,
Mais il n'en est pas une, élue entre ses sœurs,
Qui soit, par privilège, en droit, à son passage,

De dire qu'elle seule a vu mon vrai visage.
Dans le miroir du monde où les dieux se reflètent,
L'image de leur âme est toujours incomplète.

CLYTO

Toi qui parles avec une telle assurance
De l'invisible monde où flottent les idées
Et dont l'esprit subtil revêt tant d'apparences,
Fais-moi connaître au moins ton nom.

PROTÉE

Je suis Protée,

Fils de Neptune, pâtre et roi de ses troupeaux.

CLYTO

Un dieu m'a donc aimée !

PROTÉE

Un dieu t'aime toujours.

Tant qu'il fut d'apparence humaine, il était beau
Comme un rayon de gloire en marche, notre amour;
Et du jour qu'il devient divin, il t'épouvante !

CLYTO

De ton âme à la mienne il est trop de distance,
Trop d'infini sépare un dieu d'une servante !
Pas un devoir commun ne joint nos existences.
Comme la fleur des champs, je vis et passe. Un dieu
Met tout un univers à vivre son destin;
Dans ce qui n'est pour lui que l'aube d'un matin
Un enfant né d'hier pourrait devenir vieux...
Les divines amours, je pense, ont la durée

Divine des soleils qui les ont éclairées :
C'est pour mon faible cœur un sort trop grandiose.
Peut-être, quand l'image atroce de Protée
Ne torturera plus mon âme épouvantée,
Oserai-je sourire à l'ombre d'Oriose.

PROTÉE

Si tu voulais aimer un dieu, si tu voulais
Oublier à la fois son horreur et sa gloire,
Dormir dans la noirceur ou l'or de son reflet...
Ah ! laisse, laisse-toi tenter de le vouloir !

CLYTO

Vois, à peine as-tu fait un pas pour m'approcher,
Qu'une fièvre me brûle, impossible à cacher.
L'ombre de Némésis est entre nous. Jamais
Je ne t'aimerai plus du cœur dont je t'aimais !
J'ai trop peur qu'au plus doux instant de nos caresses,
Du fond de ta nature, un soir, ne reparaisse
En mes bras le profil du requin en plongée
Qui montre, en se tournant, ses dents, sur deux rangées !

PROTÉE

Toujours la vision d'un squale entre deux ondes,
Hélas ! Pour effacer l'image qui t'obsède,
Il n'est plus, je le vois, qu'un seul, un long remède,
Le temps qui, par pitié, pardonne à tout le monde.
Soit ! Je t'ai fait souffrir, j'ai répandu ton sang :
Il convient qu'à mon tour je souffre, et j'y consens.
Mais, plus tard, quand l'oubli sera venu ternir
Le masque affreux dont l'ombre emplit ton souvenir,

Retourne visiter la fontaine aux myrtils,
Dans l'heure et la saison où nous nous rencontrâmes.
Que ce soir était pur, Clyto, t'en souvient-il ?
Un même élan d'amour emportait nos deux âmes.
Enivré de l'odeur nuptiale des roses,
Le printemps familier riait à toutes choses.
Le temps qu'à la fontaine un seau met à s'emplir,
Tu soutins mon regard amoureux sans pâlir.
La corde autour de toi tournait, comme un filon
De métal noir serpente au flanc d'un marbre blond,
Tes beaux bras enflammés puisaient de la lumière,
Et tu ruisselais d'or et l'orgueil, dans l'éclat
D'un suprême rayon qui venait mourir là.
Mais quand, le seau tiré, tu levas les paupières...
Volonté du destin ou vertige d'azur,
Chaleur d'orage, excès d'efforts, qui sait ? langueur
D'amour... Ce sont mes bras, Clyto, qui te reçurent .
Pour la première fois tu dormis sur mon cœur...
Partout où, pas à pas, nos ombres sont passées,
Tu pourras retrouver un peu de nos pensées;
Tu n'auras pas besoin de dire une parole;
Effeuille seulement sur l'onde un brin de cistes :
Si légère que soit la chute des corolles,
J'entendrai leur baiser se poser sur l'eau triste
Et saurai que le temps a dissipé ta peine.

CLYTO

Que me restera-t-il des jours que nous vécûmes ?
Un souvenir fleuri qu'effeuille une fontaine,
Hélas ! moins qu'il ne reste d'un flocon d'écume,
Pas même une moiteur amère au bout des doigts !
Eh bien, non ! Je ne peux pas m'arracher de toi !
Je ne peux ni t'aimer ni chasser ton amour...

Ah ! garde, par pitié, garde ta forme **humaine**
Et je m'efforcerai de rester à mon tour
Celle que tu connus, un soir, à la fontaine.

PROTÉE

Ne me demande pas d'oublier mon essence.
Les dieux ont leurs devoirs comme ils ont leurs misères.
D'ineffables accords enchaînent leur puissance,
Le rythme les incline aux gestes nécessaires.
Quand la rage des flots ruisselle en gerbes blanches,
D'occultes volontés formidables qui penchent
Précipitent l'arrêt des dieux qui délibèrent.
J'ai cru pouvoir duper la loi. Je me trompais.
Quel fils ne se croit pas plus sage que son père ?
L'amour et la douleur m'ont appris le respect.
Tu dois, à mon exemple, apprendre à te chercher
Dans la forêt du songe où s'égare Psyché :
Heureux l'esprit qui sait, sous leurs métamorphoses,
Voir la similitude éternelle des choses !

CLYTO

Ton langage imprévu reste mystérieux.
Je me sens devant toi, quand tu parles des dieux,
Plus simple qu'un enfant qui joue avec son ombre.
Mais, puisque ton regard, dans l'abîme des nombres,
Sait voir, dit-on, le chiffre élu par le destin
Et découvre le soir avant que l'aube ait lui,
Dis-moi si notre amour se rallume ou s'éteint.

PROTÉE

Je ne lis dans le temps que s'il s'agit d'autrui,
Et je n'y vois qu'horreur s'il s'agit de moi-même :

Les songes de Saturne épouvantent ses fils.
Mais le ciel te réserve une épreuve suprême
Où tu pourras tremper ton âme au sacrifice.
Ecoute bien. Je vais, si tu veux, te quitter
Pour un instant peut-être, ou pour l'éternité,
C'est à toi de fixer le sort.

CLYTO

Tu m'épouvantes !

PROTÉE

Tu verras apparaître une forme vivante.
C'est moi qui serai là sous ce nouveau visage.
Si tu peux lui sourire et l'aimer, le présage
Est heureux : nous irons, un jour, au firmament
Briller comme Andromède aux bras de son amant;
Sinon, la voix des dieux s'est déjà prononcée,
Déjà notre tendresse est morte en leur pensée.
Veux-tu risquer l'enjeu divin ?

CLYTO

Je suis si lasse
Que l'ombre d'un nuage en marche me fait peur.
L'effort d'ouvrir les yeux m'est un pesant labeur.
Mon cœur me semble épars dans le décor qui passe.
La pensée un instant me visite et me laisse,
Et si mon corps se meut, c'est comme un endormi.
Comment pourrais-je, à demi-morte de faiblesse,
Sous les traits d'un démon retrouver un ami ?

PROTÉE

Une idée accueillie est comme un hôte intime
Dont l'esprit est l'esclave et parfois la victime.

CLYTO

Ainsi tu veux, tu veux que je risque ce geste !
C'est bien, je tenterai l'effort, quoi qu'il m'en coûte.
Le tout de l'existence est d'aimer, et le reste,
Le reste est moins que la poussière des grand'routes.
Mais ne dis pas un mot, de grâce, il suffirait
D'un mot pour me griser de pleurs et de regrets,
Et ces pleurs que j'ai tant de peine à retenir,
Si tu les fais couler, ne pourront plus finir...
Non, ne m'approche pas. Tais-toi. Reste à l'écart.
Je sentirai frémir, à fleur de conscience,
Ta pensée, invisible épouse du silence;
Je verrai ton amour trembler dans ton regard.
Qu'il est beau, ce visage éploré qui m'adresse
Un long sourire empreint de lointaine tendresse !
Sous sa douleur humaine, on sent l'orgueil d'un dieu.
Donne-moi d'être tendre et forte, à ton exemple,
Et quitte-moi du beau geste silencieux
Dont le soleil mourant quitte le front d'un temple.

Protée hésite; il fait un signe d'adieu et disparaît.

Ainsi je dois aimer le monstre qui viendra;
C'est trop peu de le voir, il me faut le chérir.
Et s'il veut m'approcher et me prendre en ses bras ?...
Je mourrai d'épouvante en gardant mon sourire...
Aimer ! quel deuil sublime est caché sous ce verbe?
Le voile de la vie en couvre le mystère.
Il resplendit pourtant en nous, ce mot superbe
Et triste comme un grand désastre volontaire,
Aimer !... Aimer, c'est mettre en oubli son génie,
C'est rompre avec son être et briser sa cadence
Et transposer son âme en d'autres harmonies !...
O toi par qui l'éther s'éveille à l'existence,

Impérieux artiste, Eros, rythme du monde,
Donne-moi d'oublier un instant qui je suis,
Donne-moi de me perdre en Dieu quelques secondes
Et de me retrouver plus vivante en autrui !
Eros, irrésistible Eros, viens à mon aide !...
Les yeux du grand reptile à l'horizon s'allument ;
Il nage, il vole, il court, il siffle dans l'écume,
Il approche, il mugit, le dragon d'Andromède !
L'haleine de sa bave empeste l'étendue...
Pitié ! J'entends son pas : c'est lui ! Je suis perdue...
Non, c'est Sostris.

SCÈNE VI

SOSTRIS

Eh bien, la belle abandonnée,
N'avais-je pas de loin prévu la destinée ?
Ton amant, trop subtil, te glisse entre les doigts.

CLYTO

Ce n'est pas vrai !

SOSTRIS

Sois sage, enfant, résigne-toi :
Je l'ai vu sur la grève, au loin, lever la voile,
J'ai vu tomber du mât le geste des adieux
Et la barque se fondre en flamme dans les cieux
Où le souffle de l'aube emportait les étoiles...
Perdre un amant si gueux n'est point un grand malheur.

CLYTO

Le rire du passant offense la douleur.

SOSTRIS

Peut-être l'infortune est-elle une promesse :
L'éclat d'un jour est fait des larmes de la veille.

CLYTO

Va t'en, je ne veux pas entendre tes conseils.

SOSTRIS

Si tu sais faire un sage emploi de ta tendresse,
Peut-être, pour un gueux perdu, vas-tu trouver
L'amour, sans fin ni deuil, tel que tu l'as rêvé.

CLYTO

Non, laisse-moi; je tente une épreuve suprême.
L'amour a démasqué son visage, et je sais.
Va t'en.

SOSTRIS

Adieu, Clyto. Le sort a prononcé.
Le regard qui voit tout ne se voit pas lui-même.

Il disparaît.

CLYTO

Qu'a-t-il dit ? et quel sens est caché sous ces mots ?
Le bruit de la pensée a d'étranges échos,
Le son d'un verbe éveille un monde entier d'accords...
« Le sort a prononcé », dit-il... Non, pas encore...
A moins... Je n'ose plus poursuivre mon idée...

A moins... Cet homme à qui j'ai dit : Va t'en ! serait-ce...
Malheur à moi ! Tout est perdu ! C'était Protée !
Oui, l'astuce divine a trompé la tendresse
Humaine ! C'était lui qui, changeant de nature,
M'apparut sous les traits du chercheur d'aventures!
Je ne fus que l'aveugle esclave du destin :
J'ai répété, sans même en comprendre le sens,
Le cri d'amour blessé qu'a jeté mon instinct !
Mais les dieux ont plaisir à duper l'innocence !...
Reviens, ô bien-aimé, reviens : quel que tu sois
Je saurai te connaître et t'aimer cette fois.
Oriose ! Oriose !... Il n'entend pas... Protée !..
Pas davantage !... Eh bien, puisque la vie exclut
Ceux qui lui font largesse et qui l'aiment le plus.
Je ne veux plus vêtir sa robe ensanglantée :
Puisque tu ne peux pas répondre à mon appel,
J'irai te retrouver dans l'abîme éternel !
Emportez-moi, torrents d'écume, obscurs chemins
Qui menez au grand gouffre où gît l'espoir humain!
Et toi que j'aime, ô roi des rythmes et des nombres,
Quand j'aurai dépouillé la forme de mon être,
Prends pitié de mon âme et viens la reconnaître
Aux sentiers étoilés où s'égarent les ombres.

Elle se laisse glisser dans la mer.

FIN

TABLE DES MATIÈRES

MITHRAL

Société Française d'Imprimerie d'Angers
4, Rue Garnier, Angers.
23-12-27

www.ingramcontent.com/pod-product-compliance
Ingram Content Group UK Ltd.
Pitfield, Milton Keynes, MK11 3LW, UK
UKHW022342090726
13658UKWH00001B/412